本书为国家重点研发计划项目"多价值链协同数据空间管理引擎与管理系统架构设计及验证"（2020YFB1707804）、吉林省教育厅社会科学研究项目"主动行为视域下吉林省绿色创新发展的协同机制与实现路径研究"（JJKH20240114SK）、吉林省科技厅创新发展战略研究项目"吉林省地方企业的环境社会责任承担与政府合作治理研究"（20240701166FG）的阶段性成果。

企业社会责任承担的
引导机制与实现路径研究

Research on the Guiding Mechanism and Implementation Path
of Corporate Social Responsibility Undertaking

汲昌霖　著

人民出版社

序　言

当市场逻辑逐步渗透到传统上非市场规范所统辖的生活领域时，一切仿佛都待价而沽。所有物品的市场化将剥离公民们共享的公共生活，干预到社会中个体所共同维护的道德规范和企业所共同承担的社会责任。然而，我们惊奇地发现，市场经济中的一些物品难以量化、难以估价，比如利他行为、慷慨品德、团结意识和公共精神，它们并不像那些由于使用而会耗竭的商品，而更像是那种由于锻炼而会生长并变得发达的肌肉，尤其当它们获得了良好的生长环境。社会责任需要企业用实践去滋养，需要政府用制度去保护，为了使我们的社会经济环境焕然一新，充满活力，我们需要更奋发地"锻炼"或使用这些"肌肉"，我们应努力地去"经由正义事"，从而实现"关怀共同善"。

本书以外生变量的冲击作为探讨的逻辑起点，主要是指企业社会责任承担过程中所要面对的外部制度环境，这些制度环境正如上文所描述的"锻炼肌肉所要面临的生长环境"。通过考察混合所有制改革、市场化进程、数字化进程、地方政府环保战略、企业前瞻化战略、企业内部控制等宏观、中观、微观的各种制度环境对企业社会责任的影响，所讨论的社会责任除了企业的总体社会责任承担情况以外，还包括企业创新责任、慈善捐赠责任以及环境社会责任等具体维度。

本书共分为八个章节，基本结构如下：

第一章为我国企业社会责任的基本理论与承担现状梳理，介绍了企业社会责任的基本内涵、研究目的以及现阶段理论与实践的研究现状；同时，基于中国国有企业在经济社会发展中的特殊历史地位，阐述了国有企业在社会责任承担的历史贡献、演进历程以及实现方式。

第二章开始进入了本研究的实证部分，以国有企业为样本，实证检验了混合所有制改革背景下企业社会责任与财务绩效的互动关系，同时考察了市场化进程对上述关系的调节作用，从制度环境层面论证"责任—绩效"良性互动的可行性。

第三章的研究开启了本书关注的第一个微观社会责任领域——企业创新责任，实证检验了经济政策不确定性、权属性质、融资约束以及其他一些重要相关影响因素对企业创新行为的影响，意在获得促进企业主动承担创新责任的引导机制。

第四章通过一个声誉模型对慈善捐赠的声誉资本积累进行了研究，实证检验了企业"捐赠—声誉—绩效"的传导机制，从捐赠管理和利益相关者认知的角度分析了企业慈善捐赠的声誉转化问题，及其对财务绩效产生的影响。

第五章在考虑企业内外部经济环境的情况下，结合了文本分析与回归分析，实证检验了企业进行数字化转型对承担社会责任的影响，关注了数字化背景下企业的信息透明度对于各种微观社会责任承担的影响。

第六章以我国重污染行业上市公司为研究样本，在考虑地方政府环保策略和期望绩效反馈的情况下，实证检验了企业进行环境社会责任承担决策过程中的"责任—绩效"互动关系。

　　第七章通过建立政府、企业和第三方监测机构的三方演化博弈模型，探讨了博弈模型的各种稳定策略和影响机制，并通过仿真分析验证结论的有效性和可行性。

　　第八章是本书的结论、建议与展望。

目　　录

第一章 我国企业社会责任的
基本理论与承担现状

关于企业社会责任的理论与内涵，世界各国学者以及组织机构分别提出了各自的观点，在不同国家、不同体制、不同社会经济的发展阶段均有不同的要求，并朝着不同的方向演化。在我国，探讨社会责任的发展历程始终无法离开国有企业。股份制改革全面推开以前，国有企业是社会责任承担的核心力量。直至今日，国有企业仍然承担了绝大部分的社会责任，是社会责任的重要承担主体。因此，国有企业社会责任承担的发展历程几乎映射了我国企业承担社会责任的变迁史，也是讨论我国企业承担社会责任的重要逻辑起点，本章主要围绕国有企业社会责任的发展与演进、国有企业新定位下的社会责任承担以及实现方式展开讨论，是我国企业社会责任承担的重要理论梳理，也为后文的实证研究奠定理论基础。

第一节 企业社会责任的基本理论

早期的社会责任观点深受弗里德曼学说（1970）的影响，他认为

"企业唯一的社会责任是利润最大化"。随着政府、媒体、企业员工及社会公众对企业承担社会责任的期望逐步提高，这种观点逐渐让位于"负责任的企业"和"做好事的企业"，企业及其管理者也开始越来越重视社会活动的参与。卡罗尔（1979）在其提出的企业社会责任金字塔模型中指出，企业社会责任从下至上共包括四个方面责任，分别为经济责任、法律责任、伦理道德责任和慈善责任。美国法学研究院1984年制定的"公司治理原则：分析与建议"第2.01条，将公司社会责任的范畴按强制性的强弱分为三个层次：强制性责任、道义性责任、劝导性责任。

国内研究基本起步于2000年以后，其原因在于企业股份制改革以前，社会责任基本完全由国有企业承担，也使得在这一时期，社会责任的相关讨论并没有较大空间。在股份制改革全面推开以后，我国的社会责任理论研究开始变得活跃，卢代富（2001）认为，企业社会责任是企业在谋求股东简明利润最大化之外所负有的维护和增进社会利益的义务。其内容包括：对雇员的责任，对消费者的责任，对债权人的责任，对环境、资源的保护与合理利用的责任，对所在社区经济社会发展的责任以及对社会福利和社会公益事业的责任。刘连煜（2007）认为，公司的社会责任可以分为三个层面：遵守法令的责任、实践公司之伦理的责任、自行裁量的责任等。随着社会责任相关理论逐步取得一致性，社会责任研究开始转向评价、实证与应用研究，政府、机构、学者开始从更丰富的维度关注社会责任的影响机制及经济后果。2021年12月，《企业社会责任蓝皮书（2021）》发布，该研究是对我国的国有、民营及外资企业的前100强以及19个重点行业企业的社会责任管理水平进行评价。研究显示，国有企业社会责任发展指数在过去的十年里稳步增长，同时，非国有企业的社会责任发展水平也实现了长足进步，评价结果中的发展指数总体水平为 36.1 分，但仍有超四成企业低于 20 分，处于"旁观"状态。对于我国企业社会责任的进一步发展，混合所有制改革带来的多元股权融合令人期待。在近年来的相关研究中，企业在社会活动中的表现作为对传统财务指标的补充，已经成为企业绩效评估的重要组成部分（Wang 和 Choi，2013）。包括投资者对 IPO 公司的评价（Huang 等，2019）、董事会对 CEO 的薪酬考核和绩效评估（Flammer 等，2019）等都开始不再局限于企业的财务情况，越来越多的股东表现出对具有良好社会责任表现公司的偏好（Barnett 和 Salomon，2006）。

对于企业而言，社会的责任即是"公地"的责任，也是一个正外部性输出的过程。由于承担过程会消耗企业的生产资源，表现为短期适存性的下降，在实际经营过程中，相当数量的企业并不愿意主动迈出这一步。对于社会而言，消极承担社会责任的企业则没有体现其存在的社会意义，也违背了市场化环境下企业运营的社会逻辑（Pache 和 Santos，2013）。结合上述两方面，企业对于社会责任的承担已进入一种社会困境，因此，如何促进企业主动承担社会责任并找到清晰的引导机制是现阶段需要解决的主要问题，也是本研究探讨的核心问题。

第二节　国有企业社会责任的发展与演进

随着国有企业改革的持续深入和全球企业社会责任运动的不断兴起，中国的国有企业社会责任在近年来逐步成为热点研究问题，大量学者致力于对国有企业社会责任的理解与认知研究，并基于不同视角形成对国有企业社会责任的差异化结构框架。纵观已有研究成果，主流研究范式和基本逻辑路径主要有两种：一种是沿着"国有企业性质——国有企业目标——国有企业社会责任"（黄速建和余菁，2006；吴照云和刘灵，2008）或"国有企业性质——国有企业功能——国有企业社会责任"（乔明哲和刘福成，2010）的研究链条予以展开；另一种是按照"一般企业社会责任+国有企业特殊性=国有企业社会责任"的研究思路进行解析（沈志渔等，2008）。第一种逻辑路径以"国有企业"为认知原点，背后遵循的基本思想是企业运行的一般规律，即"企业本质决定企业使命功能，功能定位决定目标方向，目标取向决定运作内容与方式（包括社会责任）"；第二种逻辑路径以"企业社会责任"为推演基础，背后隐含的基本思想是企业社会责任的一般生成逻辑，如社会责任源于自愿的慈善行为、社会对企业行为的期望、企业对社会的影响、对契约精神的遵循、社会权利与社会义务的匹配、企业对社会压力的回应、企业对社会风险的管理、企业对综合目标的平衡、企业对最大化社会福利的贡献等（李伟阳和肖红军，2011）。

事实上，国有企业社会责任发展与演进的透视就是要将其全部的历程细化为无数个静态的切片，对具有重大里程碑意义的切片开展深度解构，并将它们串联起来进行规律挖掘。在这一过程中，企业社会责任就是企业对社会负责任的行为，而企业"为什么要对社会负责任""对社会负什么责任""怎么对社会负责任"的认知原点则是对企业本质的理解，因为对企业本质的不同认知将形成不同的企业社会责任观和企业社会责任边界观，比如新古典经济学的企业本质观形成了"唯赚钱论"的企业社会责任观（Friedman 等，1962），而新经济社会学的企业本质观则导致"战略性"企业社会责任观的出现（Porter 和 Kramer，

2006）。

随着市场化的推进、企业管理理论的发展以及新时代员工对企业存在形式、管理模式的需求和期望，现代企业的治理无法照搬原有的模式进行。从总体的顶层设计来看，需要兼顾制度、高度和温度，对于企业家和企业规制主体都提出了更高的要求。在我国经济发展过程中的众多微观主体中，国有企业作为规模、影响力、存续时间、参与人数及本身的经济战略意义都处于重要地位的经济单位，无疑成为了承担企业社会责任的重要组织机构。从某种意义上看，社会责任不仅是国有企业作为一般企业存在的价值反映，更是国有企业"国有"特殊性质的天然要求。通常而言，国有企业社会责任的理解与认知可以分为应然与实然两种视角，但按照历史和逻辑相一致的马克思主义方法论，无论是基于应然视角还是实然视角，客观理性的分析均不能忽视国有企业改革 40 多年来的历史演进。国有企业作为一种制度安排（黄速建和余菁，2006），其在当下与未来的发展正是改革开放以来企业与经济社会持续共同演化的结果。相应地，附着于或内嵌于国有企业的社会责任，无论是目前的应然还是实然，也都必然是宏观共同演化与微观共同演化的产物。单纯从社会责任承担的角度来看，它既不应该是国有企业的专属"政策性负担"，也不应该被认为是"负担"。

"不谋全局者，不足谋一域"。国有企业社会责任发展与演进必须置于国有企业改革的整体性背景与全时序情境予以透视，因为只有从纷繁复杂的历史事件和庞杂众多的社会现象中清晰梳理出发展脉络，才可能深刻洞察国有企业社会责任发展与演进的历史逻辑和基本规律。至今，很多学者认为国有企业承担社会责任会在一定程度上消耗企业的资源，影响企业的发展。是因为很多国有企业可能从一开始就不具备承担社会责任的能力，这与实证检验的样本不无关系。对于规模达到一定程度、有一定的资源禀赋和社会影响力的企业而言，在足够长的时期内，承担社会责任将对其产生正向的回报。之所以很多经验研究发现了承担社会责任的负向作用，与企业对于社会责任承担的时间和质量有关，一些把承担社会责任当成政府任务的企业，很难从根本上完成好这项工作，加上不具有持续性，企业在未来的声誉效应和财务绩效的回报便不够显著。另有很多企业家考虑到自身利益，拒绝在任期内对企业的发展进行长期布局，致使很多社会责任的承担仅限于面上工作。面对种种困境，中央政府进行了诸多针对国有企业的制度创新与改革，如混合所有制改革便是一个将国有企业与民营企业融合的过程，在这个过程中，人力资本得到了更好的激励，资金得到了更好的使用，政治资源实现了企业内部的共享，因此，也更有利于打造高竞争力的企业，对于高质量地承担社会责任并获得显著的财务绩效反馈至关重要。

第三节　国有企业新定位下的社会责任承担

2013 年 11 月党的十八届三中全会通过《中共中央关于全面深化改革若干重大问题的决定》，要求"准确界定不同国有企业功能"。特别是 2015 年 9 月中共中央、国务院发布《关于深化国有企业改革的指导意见》，明确提出分类推进国有企业改革，由此开启国有企业分类改革的新时代，最终形成以"新型国有企业"为主的国有经济（黄群慧，2018）。新时代带来国有企业本质的新认识、使命功能的新定位和国有企业与社会之间关系的新调整，企业社会责任上升到国家战略层面。国有企业社会责任发展也在重塑的基础上迈入创新阶段，社会责任理念、内容、形式、实践、管理、制度、组织等创新频频涌现，形成宏观与微观创新互动、有序衔接、有机融合的良好发展局面。由此继续演化出"如何推动企业为社会负责任""什么样的企业应该为社会负责任""企业承担社会责任的临界点或最优策略选择"等问题。这三点的问题讨论使企业承担社会责任的问题从理论层面推向实践，也将社会责任承担的问题从国有企业占大头的传统认知引向了其他权属性质的企业，这些具体问题的研究结论将更有助于政府在引导企业承担社会责任时的政策供给和执行过程的可落地性。

国有企业分类改革的背后隐含着一个基本假设，即虽然国有企业都是经济属性和社会属性内在统一而具有整合经济与社会功能的现代意义企业，但不同国有企业在经济属性与社会属性的成分组合上、经济功能与社会功能的整合程度上是具有差异性的。如果从奥尔特（Alter，2007）基于可持续发展视角提出的、涵盖从最传统的非营利性组织到最传统的纯粹商业组织六种类型组织混合光谱来看，国有企业虽然均分布于中间的混合型组织形态，但属性组合的异质性意味着不同国有企业会呈现为不同类型的混合型组织。这种混合型的组织便是通过金融资本、组织机构、人力资本的融合降低组织间的异质性，使绝大多数企业不再局限于权属性质为自己带来的优势或劣势，使它们尽可能的演化为分布于中间的混合型组织形态。在不断融合的过程中，提升企业承担社会责任的主观意愿和实际能力，也使承担社会责任不再是单独的非营利性企业，让尽可能多的企业在实现盈利的同时共同参与到社会责任的承担中。

党的十八届三中全会指出，国有资本投资运营要服务于国家战略目标，更多地投向到关系国家安全、国民经济命脉的重要行业和关键领域，重点提供公共服务、发展重要前瞻性战略性产业、保护生态环境、支持科技进步、保障国家安全。良好的完成上述工作，才能突出国有企业在中国特色社会主义建设中的特殊功能和战略定位。从组织架构层面来看，组织场域中的国有企业制度与政治场域中的国家形态通过某种方式相互联结，形成一个具有自我运转功能的互补性制度系统（邵传林，2011），国有企业应当以更开拓的视野在更大的制度系统中和更高的战略平台上定位自己。2015 年 9 月，中共中央、国务院发布的《关于深化国有企业改革的指导意见》指出，国有企业属于全民所有，是推进国家现代化、保障人民共同利益的重要力量，是我们党和国家事业发展的重要物质基础和政治基础。2016 年 10 月，习近平总书记在出席全国国有企业党的建设工作会议时，更是创新性地提出国有企业"六个力量"的使命功能定位，指出不同类型国有企业的使命功能定位应该更加精准与细化。按照 2015 年 12 月国务院国资委等三部委联合下发的《关于国有企业功能界定与分类的指导意见》，商业类国有企业的主要目标被确定为增强国有的经济活力、放大国有资本功能、实现国有资产保值增值，更加强调经济目标；公益类国有企业则被要求以保障民生、服务社会、提供公共产品和服务为主要目标，更加突出非经济目标。

第四节　国有企业社会责任的实现方式

近年来，国有企业开启了责任创新的全面推进工作，企业承担社会责任的实践内容不仅呈现多样化与特色化的创新，其实现路径也有了新思路和新范式。从这一工作的推动力量和实现方式来看，企业、政府与社会多元协同推动国有企业履行社会责任的格局得到巩固，尤其是中央政府将社会责任上升到国家战略层面，于 2022 年 3 月成立了社会责任局，对企业履行社会责任形成了更清晰的权责划分，并起到了巨大的推动作用。回顾央企社会责任工作的 15 年：

2008 年，国务院国资委印发《关于中央企业履行社会责任的指导意见》，开启了中央企业履行社会责任的新征程；2009 年，在中央企业社会责任工作会议上，国资委提出中央企业要在 2012 年底前全部发布社会责任报告的目标；2010 年，国资委举办中央企业社会责任年会暨中央企业社会责任工作培训班；2012 年，国资委成立中央企业社会责任指导委员会，明确 13 个管理领域作为专项管理提升的重点，社会责任管理是其中之一。

2016 年，国务院国资委发布《关于国有企业更好履行社会责任的指导意见》，明确要求国有企业建立健全社会责任报告制度；2017 年，国资委科创局社会责任处成立；2018 年，国资委委托责任云开始编制发布《中央企业海外社会责任蓝皮书》，并举办了中央企业海外社会责任论坛，提升了中央企业对企业社会责任的认识水平和工作能力。

2021 年，《中央企业海外社会责任蓝皮书（2021）》发布活动在京召开，会议指出，中央企业在新时代海外履责中任重道远、大有可为，在海外投资建设、生产经营特别是参与"一带一路"建设中，中央企业要夯实基础、找准定位，抓住战略机遇，积极应对挑战。

2022 年，国务院国资委成立社会责任局，并召开了成立大会。

在上述发展历程的推进中，国有企业也顺应高质量发展和转型升级的要求，对以负责任的方式开展企业运营、通过履行社会责任提升企业竞争力形成了较为稳定的意识形态和较为强烈的内生动力。从管理模式来看，这一时期国有企业加快推进由以社会责任实践为重点向以社会责任管理为关键的转变，更大力度地从关注局部的管理改进和社会风险管理转向整体的管理变革和创新责任管理模式。重点包括三个方面：一是继续完善社会责任治理体系与组织管理体系、社会责任内部推进制度建设、社会责任能力建设机制、社会责任绩效评价与考核机制，以便形成更加健全的社会责任管理体系。针对上述工作，2017 年，中国核电通过公司"十三五"企业文化、社会责任、品牌传播三位一体的专项规划，进一步构架企业社会责任管理的顶层设计，进一步优化了企业承担社会责任的内部软环境。二是企业积极推动社会责任融入运营过程，力求将社会责任理念融入公司使命、价值观、业务运营、基础管理和职能管理等各个领域，以便实现社会责任理念在企业的真正落地。比如，国家电网公司自 2014 年开始探索社会责任根植项目制，希望通过运用项目制管理的理念和方法，逐级指导和推动各基层单位有计划、有管控、系统化、制度化、可持续地组织实施社会责任根植。三是不断加强透明度管理，创新利益相关方沟通与参与，努力增强利益相关方和全社会对企业的了解、理解、支持和信任。

从制度供给来看，这一时期国有企业履行社会责任的制度安排加快完善，强制性制度变迁与诱导性制度变迁齐头并进，企业社会责任法制化与规范化趋势日益明显。

法制化制度主要包括两个方面：一是企业社会责任相关内容议题的法律法规加快出台与完善，比如《环境保护法》《安全生产法》和《食品安全法》都完成修订，为国有企业履行社会责任提供了更充分的依据。特别是，2016 年《慈善法》发布，对企业开展慈善事业和慈善行为起到历史性作用。二是企业社会责任促进的综合性法律法规正在加快研究与制定之中，一旦出台，必将对国有企业承担社会责任形成更强烈、更明确的约束性要求。

规范化制度主要包括三个方面：一是社会责任国家标准的出台，为国有企业统一社会责任认识、规范社会责任实践和开展社会责任国际对话奠定了基础。2015 年 6 月，三项社会责任国家标准即《社会责任指南》《社会责任报告编写指南》和《社会责任绩效分类指引》正式公开发布。二是国有企业履行社会责任专门性制度出台，为国有企业开展社会责任实践与社会责任管理提供规范。2016 年 7 月，国务院国资委印发《关于国有企业更好履行社会责任的指导意见》，对国有企业深化社会责任理念、明确社会责任议题、将社会责任融入企业运营、加强社会责任沟通、加强社会责任工作保障等方面提出规范性要求。三是行业性企业社会责任指南不断涌现，如《中国信息通信行业企业社会责任管理体系》标准、《中国负责任矿产供应链尽责管理指南》，为所在行业国有企业履行社会责任提供更为具体的规范。从社会环境来看，虽然这一时期一度出现"企业社会责任悲观论"（肖红军和张哲，2017）不绝于耳的异常现象，但决胜全面建成小康社会攻坚战的深入推进、社会的快速发展以及国有企业改革的纵深推进，使得国有企业社会责任发展总体上嵌入良好的社会环境之中。一方面，社会各界对企业社会责任的认知更加科学合理、更加理性务实，企业社会责任边界意识、社会主体自我履责意识均得到显著提升，可持续消费、社会责任投资、负责任采购等社会运动获得蓬勃发展，对国有企业履行社会责任形成有效的市场激励及约束机制。另一方面，社会发展在这一时期进入规范阶段，国家针对非政府组织、行业协会和媒体等社会责任推进机构都进行了规范性制度约束，对于出现的各种不规范机构与行为开展了清理整顿，为国有企业履行社会责任提供了更加健康的社会环境。

第二章 企业社会责任承担与财务绩效反馈的互动机制研究

——基于混合所有制改革背景下的实证检验

基于第一章的讨论与分析，我们对于社会责任的基本理论，企业在承担社会责任过程中的义务与动机，以及种种制度改革与创新对企业承担社会责任带来的影响有了更深刻的认识。本章，我们关注外部制度环境对于企业承担社会责任的影响机制，重点关注近年来我国在两个方面的制度改革，混合所有制改革与市场化改革。本章研究以 2010—2021 年沪深 A 股国有企业为样本，实证检验混合所有制改革背景下企业社会责任与财务绩效的互动关系，同时也考察了市场化进程的调节机制。研究发现：企业社会责任与财务绩效之间存在良性互促关系，国有企业积极的财务绩效反馈并不是促进其承担社会责任的主要因素；混合所有制改革对于财务绩效和社会责任承担水平能够产生双边的促进作用；市场化进程对上述双边影响产生正向的调节作用。本章的研究为进一步深化国有企业的混合所有制改革和市场化进程的推进提供了可靠的现实依据，为企业内部管理者和外部监管者实现承担社会责任与财务绩效良性互促的发展模式提供了微观理论支持和决策参考，也为后文从微观视角探索企业社会责任履行奠定了坚实的理论基础和经验支持。

第一节　混合所有制改革与社会责任承担

国有企业改革作为改革开放以来经济体制改革的重要内容，40 多年来一直围绕着国有企业经营自主权、国有企业经济效益、国有企业现代企业制度、国有资本布局与国有资产管理体制以及新时期混合所有制改革等系列制度变革展开，经历了从经营权到监管权最终到产权制度变革的改革过程。近年来，国有企业改革中的混合所有制改革开始备受关注，其在改革过程中能够有助于有效发挥国有企业的企业家精神，缓解国有企业内部人控制问题以及"一股独大"的委托代理问题等方面有目共睹，混合所有制改革已成为实现国有企业产权制度变革、深化以及国有资本运营效率提高的重要举措，也是我国市场化进程不断深化的重要驱动力。

追溯混合所有制改革的制度变革历程，2013 年，中共十八届三中全会指出混合所有制经济是基本经济制度的重要实现形式。2015 年，中共中央、国务院印发的《关于深化国有企业改革的指导意见》，成为指导新一轮国有企业混合所有制改革的纲领性文件。2019 年，中共十四届五中全会将发展混合所有制经济作为推动经济高质量发展的重要内容。2021 年的《政府工作报告》指出，混合所有制改革是实现国有资本和国有企业做强、做优、做大的重要手段。随着我国政府对混合所有制改革认识的不断深化及其改革实践向纵深持续推进，混合所有制改革也逐渐成为公司治理、财务管理、企业创新以及高质量发展等领域的研究热点。学者们主要从投资效率（任广乾等，2020；李井林，2021）、资本结构（陈仕华和卢昌崇，2017；吴秋生和独正元，2019）、股利分配（杨志强等，2016；黎文飞等，2020）、金融资产配置（祁怀锦等，2019；叶永卫和李增福，2021）、企业创新（陈林等，2019；解维敏，2019）、并购价值（逯东等，2019；李济含和刘淑莲，2020）、企业绩效（郝阳和龚六堂，2017；熊爱华等，2021）等方面考察了混合所有制改革对企业投融资行为及其财务绩效的影响；从内部控制（曹越等，2020）、会计信息质量（曾诗韵等，2017）、薪酬激励（蔡贵龙等，2018）、融资约束（赵璨等，2021）和政策性负担（陈良银等，2021）等方面考察了混合所有制改革影响企业内部管理决策行为及其绩效的公司治理效应和资源效应。除了上述实证研究外，也有大量学者对混合所有制改革的内涵、阻力、动力、特定任务、改革路径及操作思路等理论研究层面进行了广泛而细致的推进（李跃平，2015；綦好东等，2017；王东京，2019；盛毅，2020），得到了丰富的理论成果和可执行路径。

在混合所有制改革的推进过程中，主要涉及到制度、人和企业的问题。在制度方面，首先强调的是混合所有制改革具体配套制度建设的体制改革问题，进而在改革的过程中不断完善决策机制，即深入贯彻落实好"两个一以贯之"。同时，针对企业治理能力、资源配置等问题逐步建立激励机制，通过各种措施调动经理人和业务骨干的积极性，完善利益分配机制，最终落实到企业文化方面，即实现国有企业和民营企业优势的高效融合。其终极目的在于完善各类国有资产管理体制，改革国有资本授权经营体制，加快国有经济布局优化、结构调整、战略性重组，推动国有资本做强、做优、做大，培育具有全球竞争力的世界一流企业。

2022年3月16日，经中央编委批准，国务院国资委成立了社会责任局和科技创新局，标志着中央政府对企业社会责任承担和科技创新工作推动的决心。二者关系着国家近年来重点关注的营商环境建设和高质量增长两大核心发展目标。从行动上贯彻习近平总书记关于强化企业科技创新和社会责任的重要指示精神，贯彻落实党中央、国务院决策部署，进一步统一思想、汇聚力量，更好地组织和指导相关企业深入实施创新驱动发展战略、积极履行社会责任，加快打造世界一流企业的相关战略工作。

党的十九大报告首次提出"高质量发展"这一新表述后，政府的治理逻辑和企业的发展方式开始逐步发生转变。很多学界、业界的人士开始意识到，表内数据的增长很多时候不能够充分反映企业的实际经营状况和企业价值。从利益相关者的角度来看，企业承担的社会责任作为表外业务对企业的内部治理、外部声誉及长期的可持续发展会产生重要影响。通常而言，企业治理过程中的管理者往往会基于任期内的个人利益最大化使企业在短期内呈现出良好的财务数据，表现出阶段性的繁荣。这种短视行为会对企业的长期发展策略造成影响，同时消耗企业的资源。而企业承担社会责任是在利益相关者利益最大化的框架下进行讨论，其强调的是在保证企业长期稳定发展的基础上使企业总价值达到最大。企业管理理论发展至今，决策者基本围绕着企业利润最大化和股东财富最大化来引导企业发展，而利益相关者利益最大化强调在企业价值增长的过程中满足各方利益，有利于克服信息非对称条件下经营者行为的监控问题，从根本上限制管理者个体行为对企业总体发展的影响，是新时代实现企业"高质量发展"、经济"高质量增长"宏观战略顶层设计的重要逻辑起点。

　　承担社会责任需要企业具备强大的物质基础和厚重的企业文化，国家推进混合所有制改革工作从重点执行的事项来看，是在解决体制问题、激励问题以及"国""民"融合的问题。其更深层的含义是，将企业做大做强的同时增强国际竞争力，提升企业的抗风险能力和市场价值，让更多的企业有能力、有意愿、有担当地参与到社会责任的承担工作中来，实现经济的长远、稳定发展。国有企业在多年的发展过程中承受的政策性负担，被认为是国有企业资源配置效率低下、发展缓慢的原因。造成这种现状的原因有两个方面：一是从提倡企业承担社会责任开始，一直秉承央企带头，地方响应的推进方式，很多民营企业从始至终没有真正参与到社会责任的承担中来，使得大多数国有企业面对了过多的非生产性消耗；二是企业本身的内功不够，社会责任的承担需要占用企业大量的发展资源，很多企业在没能得到财务绩效反馈的时候就已陷入经营困境，导致企业无力持续、高质量地承担起相应的社会责任。因此，通过混合所有制改革，将民营资本融入国有企业，使市场中更多的经济力量参与到社会责任的承担中。同时，促进企业规模不断壮大，提升行业的声誉影响及抗风险能力。尤其在市场化改革已进入深水区的中国当下市场经济环境中，白热化的竞争使得很多企业回避社会责任的承担问题，或者某些企业具备承担社会责任的能力而不去承担、不去有效承担，这都会使企业外部的营商环境不断恶化，从而影响到市场中每一个微观主体的发展。

　　种种现状表明，在社会责任承担水平低的区域，其制度环境和与企业密切相关的营商环境将呈现恶性互动。区域企业承担社会责任的主动性越差，政府的负担越重，国有企业以及当地的大型民营企业便要被动承担更多的政策性负担，同时也会向政府索取诸如政策回报、产权保护、贷款渠道以及其他违背市场化竞争原则的发展资源，造成政府过度干预经济的发展现状以及市场环境的破坏。本部分研究以混合所有制改革为背景，以 2010—2021 年沪深 A 股国有上市公司为研究对象，探讨企业社会责任承担与财务绩效及其反馈的互动关系，重点关注企业承担社会责任是原动力在于财务绩效还是财务绩效反馈？即探讨国有企业最终的社会责任决策究竟是因其体量大而执行的政策性承担，还是由于良好的财务绩效反馈而实现的主动而为之？这对于政府引导企业承担社会责任、形成良性互动机制具有重要意义，具体研究贡献主要体现在以下四个方面：第一，在混合所有制改革的背景下考察企业社会责任与财务绩效的关系，在丰富社会责任相关情境研究的同时，进一步探索企业成长的逻辑动因，丰富混合所有制改革的战略意义；第二，通过考察企业社会责任与财务绩效之间的交互跨期影响，进一步深化对两者关系的认识，有助于推动实现社会责任与财务绩效之间相互促进的发展模式；第三，在现有研究的基础上，更深层次地分析了财务绩效影响社会责任的驱动因素，基于管理者有限理性和对利益相关者的认知预判，考察了绩效反馈程度对社会责任承担的影响，得出财务绩效反馈不是驱动国有企业承担社会责任的影响因素，国有企业往往出于较大体量的绩效水平更倾向于承担社会责任，这对后续分析国有企业社会责任研究有一定的借鉴意义；第四，进一步丰富调节机制的研究，基于企业承担社会责任的财务绩效反馈来观测市场化进程这一制度冲击的现实落脚点，对企业内部管理者和外部监管者如何实现企业承担社会责任与财务绩效之间相互促进的发展模式具有一定的实践指导和政策启示意义。

　　混合所有制改革已在中国推行二十余年。众多推行混合所有制改革的企业也成为了该项自然实验的天然样本。在市场化推进至今，引导企业承担社会共同责任已成为一项重要的历史任务，也是迫在眉睫需要解决的现实问题。因此，本研究基于混合所有制改革企业的自然实验样本，集中对企业承担社会责任的经济后果进行考察，提出企业主观能动承担社会责任的有效引导机制并探索可落地的实现路径。上述工作在丰富社会责任相关情境研究的同时，也将对中央经济工作会议精神的细化落实、中国企业的创新发展及经济的高质量增长起到重要的战略指导作用。

第二节　社会责任承担与财务绩效的互动机制分析

一、社会责任承担与财务绩效

　　社会责任与企业财务绩效之间的关系研究由来已久，但结论至今并不明确。帕瓦和克劳斯（Pava 和 Krausz，1996）、格里芬和马洪（Griffin 和 Mahon，1997）、刘玉焕和井润田（2014）等学者总结了1972 年以后国内外的相关领域研究。发现，任何时期的二者关系均没有一致性结论。总体而言，承认两者之间存在正相关关系的研究占多数，马戈利斯和沃尔什（Margolis 和 Walsh，2003）通过元分析的再统计方式，以 109 项的过往研究为样本，发现其中的 54 项研究结论为正相关，28 项为不相关，负相关及其他相关形式为 27 项。2009 年，该团队将研究样本扩大到 167 项，仍然得出了正相关占大多数的结论。也有部分学者认为企业在履行社会责任时，会在一定程度上消耗企业资源，增加成本，削弱竞争地位，从而降低企业的财务绩效，导致二者的负相关关系（Hillman 和 Keim，2001；Brammer 等，2006）。对于企业的成长过程而言，社会责任对财务绩效的滞后效应使得很多企业无法在关键的成长期及时获得绩效反馈，却因为较高的社会责任成本陷入经营困境，影响企业的财务绩效；另一方面，很多企业以政策性负担的形式非主动地承担社会责任，使社会责任的承担质量较差，不能因利益相关者的正向评价而获得声誉效应，从而无法正向影响企业的财务绩效。除此之外，还有部分学者认为，影响二者关系的因素过于复杂，实证分析的结论是二者之间并没有显著的关系（McWilliams 和 Siegel，2000；陈玉清和马丽丽，2005）。对于更为复杂的非线性关系也存在着不一致结论，主要涉及 U 形与倒 U 形的争论。经验证据表明，企业的慈善活动与财务绩效拥有显著的倒 U 形关系，即企业承担慈善社会责任的初期有助于企业更好地获得利益相关者的持有资源，但其存在边际效应下降的问题，随着慈善活动的成本不断上升，其所带来的资源回馈并不足够，使得财务绩效进入下降周期（Wang 等，2008；于洪彦等，2015）；而 U 形关系主要源于社会责任的滞后性，随着企业通过承担社会责任的声誉效应逐步显现，财务绩效的正面影响将显著表现出来（Bouquet 和 Deutsch，2008）。

从利益相关者的角度来看，企业拒绝承担社会责任或不能够良好承担社会责任是企业非法或虽然合法却不道德的行为，会给社会造成一定的损失或危害，带来经济上的负外部性。随着信息传播技术水平的提升、企业间合作的越发密切以及企业评级机制的日趋完善，这种原本单纯的负外部性行为开始逐步向企业自身渗透，负外部性的影响在逐步内化为"负内部性"。具体而言，企业的一些社会责任缺失行为，如生产劣质产品、为员工提供恶劣生产条件、偷税漏税、排污、违规披露会计信息以及生产事故等行为都会受到利益相关者的负面评价，从长远看对企业的绩效将产生不良影响。对企业而言，积极地履行社会责任对塑造企业正面形象具有显著作用。社会责任缺失会给企业带来负面形象的评价，降低企业社会声誉，增加财务风险，最终影响企业的财务绩效。基于上述分析，本章提出如下假设：

H1：良好的社会责任承担水平能够提升企业的财务绩效，二者呈现正相关关系。

H2：企业承担社会责任存在边际效应问题，从长期来看，二者的关系可能呈现先升后降的倒 U 形关系。

二、财务绩效跨期反馈与社会责任承担

现有文献分别从企业内部和外部两个方面来探究企业社会责任的前置动因。就外部动因来看，企业是否决定履行社会责任主要出于利益相关者的压力，企业本质上是各利益相关者缔结的"一组契约"（Freeman 和 Evan，1990）。而在内部动因上，已有文献总体认为主要出于道德目标（Quin 和 Jones，1995）。现有研究在更大程度上支持了外部动因的影响力，包括对企业生存、财务绩效、创新等利益相关者的基本要求以及竞争者、媒体与监管机构、社区以及供应商等外部利益相关者的要求（Mohr 和 Webb，2005）。

财务绩效对企业承担社会责任的影响机制主要涉及两个方面：一方面是源于管理者受制于有限理性对决策基准点的选择，企业管理者在决策过程中往往更倾向于将过去的历史绩效及所在行业的整体绩效作为参考依据，来完成企业社会责任承担的战略行为部署。另一方面则来源于决策者对利益相关者认知的预判，利益相关者对于企业承担社会责任的解读至关重要，当企业的财务绩效较差时，利益相关者通常会将企业承担社会责任视作"伪善"的机会主义行为，这将会损害企业的可持续竞争力、导致企业丧失合法性，从而引来资本市场的经济惩罚（鲁悦和刘春林，2018）。因此，处于财务困境中的企业往往无法通过履行社会责任来实现企业的印象管理。管理者的通常预期是，在取得较好财务绩效的经营周期中，承担社会责任会在更大程度上被利益相关者认定为"行善"，从而带来更显著的绩效回报。资金供给假说也支持了上述观点，企业承担社会责任需要付出一定的财务成本，因此，企业必须有足够的资金实力，才能在满足自身正常经营及发展的基础上去承担社会责任（Preston 和 O'Bannon，1997）。很难想象，一个难以维持正常经营的企业会有能力去承担诸如支持行业创新发展、改善社区环境、提升职工福利、积极进行慈善捐赠等社会责任。所以，企业取得良好财务绩效，是其承担社会责任的财务基础，财务绩效的反馈是管理者进行社会责任承担决策的重要决策参考。从利益相关者的角度看，企业在具有充沛资金实力的前提下承担社会责任，更容易使企业获得正向的社会评价，从而提升企业的行业声誉，降低融资成本，拓宽发展渠道。基于上述分析，本章提出如下假设：

H3：企业的财务绩效正向影响社会责任承担水平。

H4：良好的财务绩效反馈能够促进企业的社会责任承担水平，二者呈现正相关关系。

H5：企业承担责任的维度和数量存在有限性问题，从长期来看，二者的关系可能呈现先升后降的倒 U 形关系。

第三节　外部发展环境、社会责任与企业财务绩效

面对二者关系的诸多不一致性结论，学者们开始逐渐认识到，企业动态的内部发展环境及外部治理环境或许是统一该复杂研究结论的重要探索方向，二者关系的研究需要考虑诸多权变因素如企业自身特点、行业特点以及企业所在区域的发展环境。众多调节变量被引入到二者关系的研究中，包括创新能力（Hull 和 Rothenberg，2008）、社会责任行为一致性（Tang 等，2012）、企业能见度（Wang 和 Qian，2011）、企业规模（Cui 等，2014）等。对于身处地域辽阔的中国企业而言，自改革开放以来，国家对于不同地区的制度供给存在差异性，同时，制度的滞后性及执行效率的不同使得地区间市场化进程与政府放权意愿存在显著差异。混合所有制改革和市场化进程作为两种慢性制度冲击，潜移默化地影响着企业的生存环境。

一、混合所有制改革与企业财务绩效

随着国有企业混合所有制改革的不断推进，其所取得的经济后果广泛而显著。具体而言，混合所有制改革降低了国有企业的政策性负担

（陈林和唐杨柳，2014），对国有企业改革的深化、资源配置效率的提升以及制度层面对市场化不足的弥补等方面均起到了重要作用（郝阳和龚六堂，2017），显著提升了企业绩效（马连福等，2015），而这一点对于国有企业更为明显（赵斌斌和钱士茹，2017）。其具体的作用机制包括股权制衡、改善监督激励和明确经营目标（蔡贵龙等，2018；李向荣，2018）。基于上述分析，本章提出如下假设：

H6：混合所有制改革有助于提升企业的财务绩效。

二、混合所有制改革与社会责任承担

通过混合所有制改革，非国有股东在国有企业混合所有制改革中获得了一定的控制权，使国有企业的产权主体呈现由虚向实的新分配格局，这将在一定程度上提升企业的治理效率。补充了非国有成分的企业会基于逐利的天性和维护自身利益的需求，使企业具备更强的动力和能力来不断完善管理者的激励机制和企业的内部监督机制，从而缓解管理者为追求个人社会声誉的社会责任过度投资行为和最大化其短期薪酬的社会责任投资不足行为，提升企业社会责任的总体表现（冯晓晴等，2020）；同时，混合所有制改革后的企业使得非国有股东有权委派高管、董事参与到企业的经营管理过程中，大幅度改善董事会的话语权结构，这种改变对于增强国有企业的会计信息质量和提升国有企业内部控制质量起到显著的正向效应（曾诗韵等，2017；曹越等，2020）。总体而言，非国有股东的融入将有效降低因信息不对称问题和国有企业的内部人控制问题（黄速建，2014）引发的种种不良经济后果，提升国有企业的社会责任表现。基于上述分析，本章提出如下假设：

H7：混合所有制改革对企业的社会责任承担具有正向作用。

三、市场化进程的调节机制

市场化进程影响着区域的治理环境，很多地区因缺乏有效的政商分离机制，使政府在国企中一直具有较高的控制地位。混合所有制改革的过程是在国有企业中引入非国有资本，不同性质的股权在这个过程中不断进行重复博弈并最终形成权力优配，非国有资本的引入在一定程度上提升了政府为实现自身诉求的任务摊派成本，有利于混合所有制改革后的企业摆脱过多的政策性义务。在市场化程度较高的地区，混合所有制改革对企业控制权变更所带来的企业目标纯化效应也会越发明显，企业目标会更多地偏向利润最大化或价值最大化，企业的财务绩效也将得到显著的提升。基于上述分析，本章提出如下假设：

H8：市场化进程能够正向调节混合所有制改革与企业财务绩效的关系。

市场化进程一定程度上反映了一个区域的制度环境，很多学者在实证中也将其作为制度环境的代理变量。所在地区市场化程度越低，制度环境越差，"关系"因素影响显著，企业的权属性质将在更大程度上影响企业管理者的决策，也影响着决策过程中资源的配置。企业参与混合所有制改革是对其权属性质的多元化建构，对企业参与社会责任产生直接影响。种种现状表明，在市场化程度较高的地区，制度与政策更加明晰，法律与司法体系更加公正，资本市场的信息获取成本更加低廉，投资者的合法权益能够得到充分保护，这些因素一方面有助于激发非国有资本参与混合所有制改革的积极性，同时，也对混合所有制改革后一系列经济后果的实现起到重要的促进与保护作用。市场化程度较高地区的企业参与混合所有制改革，对于促进产权主体"实化"、改善会计信息质量、提升企业内部控制水平、提升企业综合治理效率等均会产生正向效应，通过提升或改善企业承担社会责任的主观意愿、客观能力和外在环境，促进企业的社会责任承担水平。基于上述分析，本章提出如下假设：

H9：市场化进程能够正向调节混合所有制改革与社会责任承担的关系。

本部分研究根据以上假设，提出如下影响机制图（见图 2-1），并在后文分别予以验证。

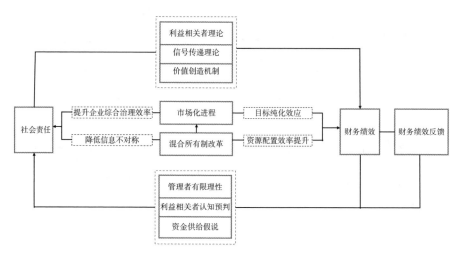

图 2-1　社会责任与财务绩效互动的影响机制图

第四节　核心变量的定义与计算

一、财务绩效(UnEBIT)

以往的研究中大多使用总资产收益率或净资产收益率作为财务绩效衡量指标，忽略了其中可能存在的"盈余管理噪声"，从而导致其财务指标偏离实际，影响结果的可靠性。为减少"噪声"对实证分析的影响，本书选择剔除盈余管理之后的总资产息税前利润率作为财务绩效指标。具体步骤如下：首先，基于 Jones 式 2-1 估计正常的应计利润率；其次，将实际应计利润率与正常应计利润率做差，获得操纵性应计利润率，如式 2-2 所示；最后，用实际的总资产息税前利润率减去操纵的应计利润率得出剔除盈余管理的总资产息税前利润率，如式 2-3 所示。

$$\frac{TA_{i,t}}{Assets_{i,t-1}} = \alpha_0 \frac{1}{Assets_{i,t-1}} + \beta_1 \frac{\Delta Sales_{i,t}}{Assets_{i,t-1}} + \beta_2 \frac{PPE_{i,t}}{Assets_{i,t-1}} \quad (2-1)$$

$$DA = \frac{TA_{i,t}}{Assets_{i,t-1}} - (\hat{\alpha_0} \frac{1}{Assets_{i,t-1}} + \hat{\beta_1} \frac{\Delta Sales_{i,t}}{Assets_{i,t-1}} + \hat{\beta_2} \frac{PPE_{i,t}}{Assets_{i,t-1}})$$

$$(2-2)$$

$$UnEBIT_{i,t} = \frac{EBIT_{i,t}}{Assets_{i,t}} - DA \quad (2-3)$$

TA 表示企业的应计利润；*Assets* 为总资产；*ΔSales* 是指当年的销售收入与上年销售收入之间的差额；*PPE* 是指设备和厂房等固定资产；*DA* 代表操纵性应计利润率；*EBIT* 是息税前利润；*UnEBIT* 表示剔除盈余管

理后的总资产息税前利润率。

二、混合所有制改革

对于混合所有制改革的变量选择，本研究涉及两方面，一方面为是否参与混改（Mixreform），主要考察企业参与混改的经济后果；另一方面为股权制衡度（Mixbalance），意在研究"实质性"混改即国有企业控制权变化对于企业社会责任和财务绩效的影响，该指标的获取是通过国有企业前十大股东中非国有股东减去国有股东的持股比例计算，其数值越大表明股权制衡度越高。

三、财务绩效反馈(dUnEBIT)

本书用当年减去上一年剔除盈余管理行为之后的息税前利润率的差额作为衡量财务绩效变化量的指标，以考察财务绩效变化程度对社会责任的影响。

四、社会责任(RKSCSR)

采用润灵环球（RKS）社会责任报告评分作为中国上市公司社会责任指标，报告分别从整体性、内容性、技术性及行业性四个角度进行评分，全面且客观地反映了企业的社会责任履行情况和披露水平。同时，通过和讯网的社会责任报告评分对该研究进行稳健性检验。

企业社会责任治理信息（M）、产出信息（C）采用润灵环球社会责任报告评分中的整体性、内容性作为治理信息、产出信息的代理变量，从公司治理的微观层面深入挖掘其对企业财务绩效的作用机制。

各变量的定义及度量方式详见表 2-1。

表 2-1　变量定义

变量类型	变量名称	变量符号	变量度量
考察变量	财务绩效	$UnEBIT$	剔除盈余管理行为之后的息税前利润率
	股权制衡度	$Mixbalance$	前十大股东中非国有股东比例总和减国有股东持股比例
	财务绩效反馈	$dUnEBIT$	本年剔除盈余管理行为之后的息税前利润率减上年剔除盈余管理行为之后的息税前利润率的差额
	社会责任	$RKSCSR$	润灵环球企业社会责任报告评级数据库中评级得分
		$HEXUNCSR$	和讯网上市公司社会责任报告总得分
	企业社会责任治理信息	M	RKS 对企业社会责任整体性维度的评价分数
	企业社会责任产出信息	C	RKS 对企业社会责任内容性维度的评价分数
调节变量	市场化进程	MI	公司注册地所在省（或直辖市）的市场化指数
控制变量	财务杠杆	LEV	负债总额/资产总额
	企业成长性	$Growth$	营业收入增长率
	股权集中度	$TOP10$	前十大股东持股比例
	混改的参与情况	$Mixreform$	如果企业前十大股东均为国有股东，则为 0，否则为 1
	董事会规模	$Aboard$	ln（董事会人数）
	独立董事占比	IBD	独立董事人数/董事总人数
	两职合一	$Duality$	当企业董事长和总经理为同一人时，则为 1，否则为 0
	企业年龄	Age	企业成立年限加 1 的自然对数
	冗余资源	$Slack$	流动比率、资产负债率及费用收入比三者的平均值代表公司冗余资源的程度
	托宾 Q	TBQ	市场价值/资产重置成本
	内部控制	ICI	迪博·中国上市公司的内部控制指数

第五节　模型构建与数据来源

一、数据来源与变量的描述性统计

基于数据的科学性、可靠性和可得性，考虑到面板数据的整体质量，本书以 2010—2021 年沪深 A 股国有上市公司为研究对象，并根据以下标准进行了数据的筛选：（1）剔除在样本期内上市时间不足 3 年的企业；（2）剔除金融类、保险类上市公司；（3）剔除 ST、＊ST、PT 及资产负债率超过 1 的上市公司；（4）剔除存在数据缺失的上市公司。最终获得了 2010—2021 年来自和讯网的 9640（滞后一期为 8115）个样本，以及来自润灵环球 3494（滞后一期为 2797）个样本构成的两组非平衡面板数据。内部控制数据来源于迪博内部控制与风险管理数据库，其他数据通过国泰安金融数据库以及在企业年报进行手工整理获得。为了控制极端值对研究结论的影响，本研究对回归模型中的所有连续变量在样本 1% 和 99% 分位数处进行了缩尾处理。此外，为取消由于量纲不同、数值相差较大对研究结论的影响，本研究对所有连续变量进行了标准化处理。

在进行假设回归前，首先对变量进行描述性统计分析及相关性分析，限于篇幅，本书仅呈现表 2-2 中基准模型的描述性统计，其他面板数据的描述性统计备索，结果如表 2-2 所示，各变量间的相关系数大多低于 0.5，说明较小受到多重共线性的影响，通过 VIF 分析，得出

表2-2 变量的描述统计量及相关分析

变量名称	样本量	均值	标准差	最小值	最大值	UnEBIT	HEXUNCSR	RKSCSR	Mixreform	TOP10	Mixbalance	Growth	LEV	Duality	IBD	Aboard	Age	TBQ	Slack	MI	ICI
UnEBIT	9640	0.060	0.099	-0.229	0.420	1															
HEXUNCSR	9640	26.755	18.407	-3.070	76.170	0.205***	1														
RKSCSR	3494	41.162	12.836	20.269	77.746	0.070***	-0.098***	1													
Mixreform	9640	0.998	0.047	0.000	1.000	-0.014	0.024	-0.029*	1												
TOP10	9640	57.064	15.570	23.150	92.070	0.084***	0.028*	0.344***	-0.011	1											
Mixbalance	9640	-32.285	26.389	-79.860	61.120	0.019	0.028*	-0.024	0.062***	-0.269***	1										
Growth	9640	0.139	0.393	-0.542	2.607	0.190***	0.136***	-0.032*	-0.041**	0.004	0.044***	1									
LEV	9640	0.515	0.197	0.087	0.920	-0.152***	-0.036***	0.111***	0.012	0.046***	-0.000	0.065***	1								
Duality	9640	0.099	0.299	0.000	1.000	0.024	0.028*	-0.017	0.017	-0.063***	0.081***	-0.010	-0.009	1							
IBD	9640	0.371	0.054	0.308	0.571	-0.005	-0.020	0.086***	0.022	0.063***	-0.068***	-0.005	0.097***	0.042**	1						
Aboard	9640	2.205	0.197	1.609	2.708	0.030*	0.060***	0.110***	-0.041***	0.082***	0.035**	0.018	-0.000	-0.050***	-0.359***	1					
Age	9640	2.956	0.280	2.079	3.526	-0.034**	-0.275***	0.051***	-0.009	-0.226***	0.148***	-0.050***	0.012	0.022	-0.125***	-0.035**	1				
TBQ	9640	1.773	1.088	0.821	7.059	0.137***	0.036**	-0.190***	-0.010	-0.171***	0.041***	0.032*	-0.420***	0.021	-0.056***	-0.043***	-0.039***	1			
Slack	9640	0.762	0.377	0.329	2.781	-0.018	0.019	-0.150***	-0.011	-0.164***	0.052***	-0.027	-0.536***	0.055***	-0.033**	-0.113***	0.028**	0.420***	1		
MI	3494	9.002	1.661	3.770	11.380	-0.013	-0.069***	0.177***	-0.006	0.116***	0.037**	-0.002	-0.016	0.078***	0.000	-0.099***	0.232***	-0.053***	0.031*	1	
ICI	9528	649.308	139.133	0.000	903.260	0.150***	0.301***	0.113***	0.008	0.121***	-0.035**	0.221***	-0.016	0.011	0.058***	0.051***	-0.103***	-0.048***	-0.025	0.088***	1

VIF 最大值为 1.56，均值为 1.24，由此可见本研究中涉及的变量间不存在严重多重共线性的干扰。

二、模型设定

本研究设定以下模型用于检验假设 H1—H9：式 2-1 和式 2-4 作为基准回归模型用以检验企业社会责任与财务绩效反馈二者之间的互动关系，以及混合所有制改革股权结构变化的影响；在此基础上，式 2-5 和式 2-8 分别增加了社会责任变量和财务绩效变量的二次项，主要目的是考察二者之间可能存在的非线性关系；式 2-6 和式 2-9 在基准回归模型上增加了市场化进程的交叉项，进而检验研究假设 H8 和 H9。以下模型中，$UnEBIT$ 为企业财务绩效，$RKSCSR$ 代表企业的社会责任，$dUnEBIT$ 是企业的财务绩效反馈，$Mixbalance$ 是企业参与混合所有制改革表示股权结构变化的代理指标，MI 为市场化进程，$Controls$ 表示影响财务绩效和企业社会责任的控制变量集。式 2-4、2-5、2-6 的控制变量包含企业成长性、财务杠杆、两职合一、独立董事占比、董事会规模、混合所有制改革的参与情况、股权集中度、企业年龄、内部控制和托宾 Q；式 2-7、2-8、2-9 的控制变量包含企业成长性、财务杠杆、两职合一、独立董事占比、董事会规模、混合所有制改革的参与情况、股权集中度、企业年龄和冗余资源。γ_t、μ_i 分别为年份和行业固定效应，$\varepsilon_{i,t}$ 为残差项。

$$UnEBIT_{i,t} = a_0 + a_1 RKSCSR_{i,t-1} + a_2 Mixbalance_{i,t-1} +$$

$$\sum_3^m a_m Controls_{i,t} + \gamma_t + \mu_i + \varepsilon_{i,t} \qquad (2\text{-}4)$$

$$UnEBIT_{i,\,t} = a_0 + a_1 RKSCSR_{i,\,t-1} + a_2 RKSCSR^2_{i,\,t-1} +$$

$$a_3 Mixbalance_{i,\,t-1} + \sum_4^m a_m Controls_{i,\,t} + \gamma_t + \mu_i + \varepsilon_{i,\,t} \qquad (2-5)$$

$$UnEBIT_{i,\,t} = a_0 + a_1 RKSCSR_{i,\,t-1} + a_2 Mixbalance_{i,\,t-1} +$$

$$a_3 RKSCSR_{i,\,t-1} \times MI_{i,\,t} + a_4 Mixbalance_{i,\,t-1} \times MI_{i,\,t} +$$

$$\sum_5^m a_m Controls_{i,\,t} + \gamma_t + \mu_i + \varepsilon_{i,\,t} \qquad (2-6)$$

$$RKSCSR_{i,\,t} = a_0 + a_1 UnEBIT_{i,\,t-1} + a_2 dUnEBIT_{i,\,t-1} +$$

$$a_3 Mixbalance_{i,\,t-1} + \sum_4^m a_m Controls_{i,\,t} + \gamma_t + \mu_i + \varepsilon_{i,\,t} \qquad (2-7)$$

$$RKSCSR_{i,\,t} = a_0 + a_1 UnEBIT_{i,\,t-1} + a_2 UnEBIT^2_{i,\,t-1} +$$

$$a_3 dUnEBIT_{i,\,t-1} + a_4 Mixbalance_{i,\,t-1} + \sum_5^m a_m Controls_{i,\,t} + \gamma_t + \mu_i + \varepsilon_{i,\,t}$$

$$(2-8)$$

$$RKSCSR_{i,\,t} = a_0 + a_1 UnEBIT_{i,\,t-1} + a_2 dUnEBIT_{i,\,t-1} +$$

$$a_3 Mixbalance_{i,\,t-1} + a_4 Mixreform_{i,\,t} \times MI_{i,\,t} + \sum_5^m a_m Controls_{i,\,t} + \gamma_t +$$

$$\mu_i + \varepsilon_{i,\,t} \qquad (2-9)$$

第六节　实证研究结果分析

一、企业社会责任对财务绩效的影响

表2-3报告了混合所有制改革背景下企业承担社会责任与对财务

绩效影响的实证检验结果，考虑到混合所有制改革与社会责任承担对财务绩效影响存在滞后效应，对回归模型中的相关数据进行了滞后一期的处理。表2-3中的模型（1）为基准模型，回归结果显示，社会责任和股权制衡度对财务绩效均产生了显著的正向影响，而混合所有制改革的参与情况对财务绩效不具有显著影响，说明企业流于形式地参与混合所有制改革无法对财务绩效产生政策效应，也未体现产出的信息效应。只有当企业在股权结构上发生变化时，即企业切实积极推进或完成了混合所有制改革，表现为非国有股东在企业中的话语权及参与公司经营的决策能力显著提升，才能够对财务绩效产生正向作用。基于上述，假设H1、H6得到了验证。模型（2）是在模型（1）的基础上增加了社会责任的平方项，其回归系数不显著，说明二者之间不存在先升后降的倒U形关系。尽管在过往研究中，很多学者得出了二者非线性关系的研究结论，但其使用的代理变量多为慈善捐赠、环境保护等企业承担社会责任的某一微观层面。本研究集中考察的是社会责任的总体评分情况，该变量代表了企业承担社会责任的总体水平，而非单独事宜，该结论也从侧面反映了企业长期、高质量、一致性的在社会责任承担中保持良好水平，将获得稳定的、可持续的正向回报。

为进一步考察社会责任对企业财务绩效的微观作用机制，模型（3）将模型（1）中社会责任变量细化为社会责任治理信息与社会责任产出信息进行回归。从某种程度上看，管理层向利益相关者披露社会责任可以看作是一种信息传递或信号发送，其目的在于对企业履行社会责任过程中的某些不可观察领域进行透明化管理。那么，利益相关者对于该信息的回应一定程度上决定了交易双方潜在收益的实现效果。回归结果显示社会责任产出信息对财务绩效有显著的正向影响，作为生产行为的信息表达，社会责任产出信息的披露通常需要实物支撑且受到更严格的上下游产业链及监管者的监督，其信息质量较高或者说具有较高的可观察性，能够真正实现降低管理层和投资者之间的信息不对称问题，降低利益相关者的信息搜集成本和其他交易成本，促进利益相关者的正向评价，对财务绩效产生积极影响。而社会责任治理信息相较于产出信息在传递给利益相关者的过程中会受到更多的扰动因素，企业决策者为规避外部机构的监督风险，象征性地披露社会责任治理信息现象司空见惯，且很多情况下，社会责任治理信息成为了企业盈余管理的辅助手段，信息质量较差或者说可观察性较低。在这种情况下，管理层披露社会责任治理信息的机会主义倾向会被利益相关者解读为"洗绿"行为，同时，降低了企业的合法性，导致企业利益受损，财务绩效恶化，实证结果显示的二者显著负相关也支持了上述观点。

市场化进程作为影响企业发展的重要外部因素通常对企业财务绩效产生显著影响，本书在模型（4）（5）中加入市场化进程作为调节变量，设定了市场化进程与社会责任及其下属的治理、产出两个维度的交叉项进行调节效应检验。回归结果显示，社会责任的产出信息对财务绩效正向影响保持不变，其与市场化进程的交叉项显著为负，说明市场化进程负向调节二者关系。具体而言，在市场化进程较差的制度环境中，企业会更倾向于通过社会责任产出信息披露向利益相关者传递信号，以此区别于社会责任承担水平较差的企业，一方面通过实现良好的声誉效应拓宽企业发展空间，同时，也与当地政府实现良性互动，获得政策效应，在后期的发展中实现财务绩效的反馈；而在市场化进程较高的制度环境下，政策制度及市场规则的完善使企业面临着更充分的竞争和更低的交易成本，企业通过承担社会责任所带来的声誉效应会远低于市场化进程较差的地区，还可能导致企业成本的增加，因此，企业会倾向于减少这种非必要支出。股权制衡度与市场化进程的交叉项对财务绩效的相关系数显著为正，说明在市场化程度较好的地区，随着混合所有制改革的深入，股权制衡中的民营资本更能够体现其融入价值，民营成分的融入纯化了企业的经营，提升了企业的财务绩效，也在一定程度上说明了良好的市场环境有利于企业的混合所有制改革真正的实现由"融"到"合"，假设 H8 得到了验证。

在控制变量的回归结果中，包括企业的成长性、股权集中度、内部控制、托宾 Q 值对企业财务绩效均表现为显著的促进效应，基本符合我们的常规预期。值得一提的是，对于国有企业而言，股权集中度充分体现了企业"集中力量办大事"的制度优势，即使通过混合所有制改革纳入非国有成分，正确且高效的决策对于其发展战略执行与落地仍具有重要意义。此外，财务杠杆与企业财务绩效存在显著负相关关系，说明对于国有企业而言，较高的资产负债率意味着更大的债务风险和更高的财务费用，对财务绩效产生负向影响。这与很多以民营企业为样本的实证研究存在本质不同，在民营企业的发展中，资金通常成为制约企业发展的决定性因素，因此，很多企业的资产负债率与财务绩效往往表现为正相关关系。

表 2-3　回归结果

变量	(1)	(2)	(3)	(4)	(5)	(6)
	UnEBIT	UnEBIT	UnEBIT	UnEBIT	UnEBIT	UnEBIT
$Mixblance_{t-1}$	0.0420 ** (0.0196)	0.0427 ** (0.0197)	0.0376 * (0.0196)	0.0435 ** (0.0197)	0.0405 ** (0.0196)	0.0337 * (0.0199)
$RKSCSR_{t-1}$	0.0736 *** (0.0194)	0.0831 *** (0.0268)		0.0812 *** (0.0203)		0.0744 *** (0.0194)

续表

变量	（1）	（2）	（3）	（4）	（5）	（6）
	UnEBIT	UnEBIT	UnEBIT	UnEBIT	UnEBIT	UnEBIT
$RKSCSR_{t-1}^2$		−0.0103				
		（0.0148）				
M_{t-1}			−0.0829**		−0.0838**	
			（0.0357）		（0.0356）	
C_{t-1}			0.1487***		0.1597***	
			（0.0343）		（0.0348）	
$RKSCSR_{t-1} \times MI$				−0.0295		
				（0.0188）		
$M_{t-1} \times MI$					0.0255	
					（0.0303）	
$C_{t-1} \times MI$					−0.0620*	
					（0.0339）	
$Mixbalance_{t-1} \times$ MI						0.0469**
						（0.0194）
$Growth$	0.1998***	0.2000***	0.2001***	0.1998***	0.1997***	0.2008***
	（0.0259）	（0.0259）	（0.0256）	（0.0259）	（0.0256）	（0.0258）
LEV	−0.0593***	−0.0595***	−0.0593***	−0.0589**	−0.0584**	−0.0615***
	（0.0229）	（0.0229）	（0.0228）	（0.0229）	（0.0228）	（0.0230）
$Duality$	0.0962	0.0952	0.0936	0.0953	0.0923	0.0998
	（0.0634）	（0.0634）	（0.0636）	（0.0635）	（0.0637）	（0.0630）
IBD	0.0236	0.0239	0.0231	0.0252	0.0247	0.0263
	（0.0192）	（0.0192）	（0.0191）	（0.0192）	（0.0191）	（0.0191）
$Aboard$	−0.0212	−0.0220	−0.0206	−0.0228	−0.0235	−0.0236
	（0.0198）	（0.0199）	（0.0198）	（0.0198）	（0.0198）	（0.0199）
$Mixreform$	−0.2115	−0.2072	−0.2178	−0.2127	−0.2239	−0.2184
	（0.2182）	（0.2182）	（0.2237）	（0.2234）	（0.2278）	（0.2207）
$TOP10$	0.0876***	0.0884***	0.0869***	0.0894***	0.0897***	0.0849***
	（0.0214）	（0.0214）	（0.0213）	（0.0214）	（0.0213）	（0.0214）

续表

变量	（1）UnEBIT	（2）UnEBIT	（3）UnEBIT	（4）UnEBIT	（5）UnEBIT	（6）UnEBIT
Age	0.0048 (0.0225)	0.0047 (0.0225)	0.0027 (0.0224)	0.0056 (0.0225)	0.0040 (0.0224)	0.0063 (0.0225)
ICI	0.1138*** (0.0172)	0.1138*** (0.0172)	0.1108*** (0.0172)	0.1134*** (0.0173)	0.1094*** (0.0173)	0.1119*** (0.0172)
TBQ	0.1147*** (0.0253)	0.1149*** (0.0253)	0.1158*** (0.0255)	0.1156*** (0.0254)	0.1150*** (0.0255)	0.1153*** (0.0253)
_cons	−0.1330 (0.2545)	−0.1253 (0.2538)	−0.2738 (0.2734)	−0.1250 (0.2596)	−0.2909 (0.2745)	−0.0863 (0.2583)
N	2797	2797	2797	2797	2797	2797
r2	0.2565	0.2566	0.2598	0.2571	0.2613	0.2580
year	YES	YES	YES	YES	YES	YES
industry	YES	YES	YES	YES	YES	YES

注：小括号内为稳健标准误，*、**、***分别表示在10%、5%和1%水平上显著。

二、财务绩效反馈对企业承担社会责任的影响

企业在一个会计周期中的财务绩效作为经营结果的反馈将对未来决策产生诸多影响，良好的绩效获取能力意味着企业可预期的稳定现金流和较大的未来发展空间。因此，财务绩效反馈作为前置动因对企业履行社会责任的行为将产生重要作用。考虑到二者之间可能存在的跨期影响，为保证实证检验的可靠性，本研究分别以滞后一期、滞后二期的财务绩效作为解释变量进行回归，回归结果如表2-4所示。财务绩效与股权制衡对社会责任均存在显著的正相关关系，结合表2-3的回归结

果，我们能够得到两方面的结论：一是企业的财务绩效与社会责任承担存在跨期的良性互促效应，任何一方的良好表现都会对另一方产生正向作用，并形成可持续的良性循环机制；另一方面，说明企业通过混合所有制改革对股权结构进行优化后，更合理的控制权安排能够对财务绩效与社会责任承担产生双向的促进作用，为二者之间的跨期良性互动提供更好的外部环境保障，基于上述，假设 H3 和 H7 得到验证。

在表 2-4 中，模型（3）是在模型（2）的基础上加入了滞后一期的财务绩效差分，差分表达了企业在本经营周期的财务绩效相较于上个周期财务绩效的差额，其数值越大，意味着企业处于良好的成长期且财务状况良好。模型（7）的回归结果显示，企业的财务绩效差分与社会责任承担呈现负相关关系，其可能的原因是，良好的财务绩效增长态势会增加管理者的保守态度，尤其对于国有企业而言，财务绩效的持续向好会使管理者呈现出减少问题搜寻、不再改变发展战略等更倾向于维持现状的消极行为，在企业社会责任承担的战略上，无法表现出正向效应。从社会责任投入本身的消耗性和利他性来看，管理者甚至会减少对社会责任的投入，因为企业可能在短期内不再需要通过社会责任承担带来的声誉效应来获得更大的发展空间，管理者更多会考虑在任期内如何实现企业价值最大化及个人效用最大化，而对社会责任的承担则表现出"理智的冷漠"。模型（4）加入了滞后一期财务绩效的平方项，意在考察二者之间可能存在的非线性关系。结果表明，财务绩效与社会责任在一次项显著正相关，平方项显著负相关，说明财务绩效与社会责任存在先升后降的倒 U 形关系，假设 H5 得到了支持。模型（8）加入了混合所有制改革与市场化进程的交叉项进行调节效应检验，回归结果显示交叉项与社会责任显著正相关，说明市场化进程能够正向调节混合所有制改革与社会责任承担的关系，假设 H9 得到了支持。从控制变量的回归结果中，企业的财务杠杆、独立董事持股比例、董事会规模、股权集中度和企业年龄对社会责任承担均产生显著的正向影响，符合我们的常规预期和经济逻辑。

表 2-4 回归结果

变量	(1) RKSCSR	(2) RKSCSR	(3) RKSCSR	(4) RKSCSR	(5) RKSCSR	(6) RKSCSR	(7) RKSCSR	(8) RKSCSR
$UnEBIT_{t-1}$	0.0750 *** (0.0165)	0.0739 *** (0.0165)	0.1070 *** (0.0219)	0.0850 *** (0.0173)				0.0720 *** (0.0165)
$UnEBIT_{t-2}$					0.0624 *** (0.0179)	0.0613 *** (0.0179)	0.0959 *** (0.0238)	
$Mixbalance$		0.0597 *** (0.0193)	0.0659 *** (0.0202)	0.0594 *** (0.0193)		0.0720 *** (0.0209)	0.0763 *** (0.0223)	0.0578 *** (0.0193)
$dUnEBIT_{t-1}$			−0.0519 ** (0.0205)					
$dUnEBIT_{t-2}$							−0.0365 * (0.0218)	
$UnEBIT_{t-1}^2$				−0.0165 * (0.0088)				
$Mixreform \times MI$								0.0970 *** (0.0194)
$Growth$	0.0108 (0.0159)	0.0068 (0.0158)	0.0090 (0.0163)	0.0061 (0.0159)	0.0096 (0.0175)	0.0083 (0.0174)	0.0127 (0.0181)	0.0075 (0.0159)
LEV	0.0943 *** (0.0242)	0.0895 *** (0.0242)	0.0997 *** (0.0251)	0.0908 *** (0.0242)	0.0976 *** (0.0259)	0.0909 *** (0.0260)	0.1022 *** (0.0271)	0.0995 *** (0.0241)
$Duality$	0.0362 (0.0586)	0.0254 (0.0583)	0.0082 (0.0600)	0.0253 (0.0584)	0.0506 (0.0623)	0.0377 (0.0619)	0.0251 (0.0658)	−0.0002 (0.0585)
IBD	0.0904 *** (0.0187)	0.0913 *** (0.0188)	0.0896 *** (0.0197)	0.0911 *** (0.0189)	0.0852 *** (0.0202)	0.0859 *** (0.0203)	0.0865 *** (0.0216)	0.0939 *** (0.0187)
$Aboard$	0.1221 *** (0.0196)	0.1187 *** (0.0197)	0.1133 *** (0.0203)	0.1183 *** (0.0196)	0.1233 *** (0.0213)	0.1195 *** (0.0213)	0.1076 *** (0.0221)	0.1239 *** (0.0196)

续表

变量	（1）	（2）	（3）	（4）	（5）	（6）	（7）	（8）
	RKSCSR	RKSCSR	RKSCSR	RKSCSR	RKSCSR	RKSCSR	RKSCSR	RKSCSR
Mixreform	-0.8598 ***	-0.9222 ***	-0.9907 ***	-0.9392 ***	-0.3085 *	-0.3556 **	-0.3403 **	-0.9236 ***
	(0.2432)	(0.2535)	(0.2514)	(0.2643)	(0.1651)	(0.1686)	(0.1682)	(0.2707)
TOP10	0.2943 ***	0.3042 ***	0.3009 ***	0.3047 ***	0.3052 ***	0.3164 ***	0.3212 ***	0.2840 ***
	(0.0212)	(0.0211)	(0.0221)	(0.0211)	(0.0231)	(0.0228)	(0.0239)	(0.0214)
Age	0.0626 ***	0.0552 **	0.0518 **	0.0557 **	0.0676 ***	0.0583 **	0.0595 **	0.0396 *
	(0.0229)	(0.0229)	(0.0234)	(0.0229)	(0.0256)	(0.0255)	(0.0264)	(0.0231)
Slack	-0.0226	-0.0238	-0.0193	-0.0216	-0.0260	-0.0278	-0.0162	-0.0185
	(0.0205)	(0.0204)	(0.0212)	(0.0205)	(0.0221)	(0.0221)	(0.0229)	(0.0203)
_cons	0.0140	0.1240	0.3061	0.1552	-0.1984	-0.0850	-0.0899	0.1009
	(0.3035)	(0.3138)	(0.3082)	(0.3234)	(0.1928)	(0.1954)	(0.1957)	(0.3265)
N	2797	2797	2597	2797	2437	2437	2168	2797
r2	0.3227	0.3255	0.3097	0.3263	0.3061	0.3102	0.3071	0.3315
year	YES	YES	YES	YES	YES	YES	YES	YES
industry	YES	YES	YES	YES	YES	YES	YES	YES

注：小括号内为稳健标准误，*、**、*** 分别表示在 10%、5% 和 1% 水平上显著。

第七节　稳健性检验

一、基于联立方程模型的分析

社会责任与财务绩效之间存在的互动关系，可能导致双向因果带来的内生性问题。前述回归中分别采用了滞后的社会责任和财务绩效进行回归，在一定程度上降低了这种内生性的影响，为进一步验证实证结果的有效性，本研究基于前述设定的基准回归模型构建了联立方程模型，首先根据联立方程可识别的必要条件，方程的外生变量个数应大于或等于方程中所包含的内生变量的个数，由所建模型可知，满足联立方程参数"可识别"的基本假设。联立方程组的估计方法一般分为单一方程估计法和系统估计法，本研究借鉴田毕飞和陈紫若（2017）的研究方法，分别采用普通最小二乘法（ols）、似不相关回归（sureg）、二阶段最小二乘法（2sls）、三阶段最小二乘法（3sls）以及迭代三阶段最小二乘法（迭代3sls）对联立方程模型进行估计。考虑到社会责任、混合所有制改革与财务绩效之间存在的滞后影响，并验证前文通过对解释变量滞后处理降低内生性所得回归结果的有效性，本研究在财务绩效方程中，分别将社会责任和股权制衡度滞后一期；在社会责任方程中，财务绩效取一期滞后值。得到表2-5的各项回归结论与前文一致，且2sls与ols的回归结果并无区别，说明了变量之间不存在双向因果关系，前文回归模型有效降低了内生性问题，其结论成立。

表2-5　回归结果

	（1）	（2）	（3）	（4）	（5）
	ols	sureg	2sls	3sls	迭代3sls
$UnEBIT$					
$RKSCSR_{t-1}$	0.0551 *** (0.0197)	0.0702 *** (0.0196)	0.0551 *** (0.0197)	0.0702 *** (0.0196)	0.1907 *** (0.0196)
$Mixblance_{t-1}$	0.0588 *** (0.0188)	0.0579 *** (0.0187)	0.0588 *** (0.0188)	0.0579 *** (0.0187)	0.0511 *** (0.0188)
$Growth$	0.1845 *** (0.0193)	0.1847 *** (0.0192)	0.1845 *** (0.0193)	0.1847 *** (0.0192)	0.1863 *** (0.0194)
LEV	−0.1016 *** (0.0197)	−0.1027 *** (0.0196)	−0.1016 *** (0.0197)	−0.1027 *** (0.0196)	−0.1122 *** (0.0198)

续表

	（1）	（2）	（3）	（4）	（5）
	ols	sureg	2sls	3sls	迭代 3sls
Duality	0.0913	0.0910	0.0913	0.0910	0.0880
	（0.0602）	（0.0600）	（0.0602）	（0.0600）	（0.0606）
IBD	−0.0009	−0.0028	−0.0009	−0.0028	−0.0181
	（0.0196）	（0.0195）	（0.0196）	（0.0195）	（0.0197）
Aboard	0.0127	0.0106	0.0127	0.0106	−0.0055
	（0.0192）	（0.0192）	（0.0192）	（0.0192）	（0.0194）
Mixreform	−0.2135	−0.2045	−0.2135	−0.2045	−0.1328
	（0.3552）	（0.3543）	（0.3552）	（0.3543）	（0.3574）
*TOP*10	0.0925***	0.0867***	0.0925***	0.0867***	0.0409*
	（0.0208）	（0.0207）	（0.0208）	（0.0207）	（0.0208）
Age	−0.0397**	−0.0417**	−0.0397**	−0.0417**	−0.0578***
	（0.0196）	（0.0195）	（0.0196）	（0.0195）	（0.0197）
ICI	0.1060***	0.1060***	0.1060***	0.1060***	0.1059***
	（0.0194）	（0.0194）	（0.0194）	（0.0194）	（0.0194）
TBQ	0.1228***	0.1227***	0.1228***	0.1227***	0.1220***
	（0.0210）	（0.0209）	（0.0210）	（0.0209）	（0.0209）
_ *cons*	0.2321	0.2236	0.2321	0.2236	0.1563
	（0.3547）	（0.3539）	（0.3547）	（0.3539）	（0.3569）
RKSCSR					
$UnEBIT_{t-1}$	0.0588***	0.0626***	0.0588***	0.0626***	0.0918***
	（0.0172）	（0.0171）	（0.0172）	（0.0171）	（0.0170）
Mixbalance	0.0651***	0.0649***	0.0651***	0.0649***	0.0632***
	（0.0180）	（0.0180）	（0.0180）	（0.0180）	（0.0179）
Growth	−0.0143	−0.0143	−0.0143	−0.0143	−0.0145
	（0.0181）	（0.0181）	（0.0181）	（0.0181）	（0.0181）
LEV	0.0779***	0.0775***	0.0779***	0.0775***	0.0748***
	（0.0208）	（0.0207）	（0.0208）	（0.0207）	（0.0207）
Duality	0.0337	0.0336	0.0337	0.0336	0.0335
	（0.0581）	（0.0580）	（0.0581）	（0.0580）	（0.0580）
IBD	0.1251***	0.1250***	0.1251***	0.1250***	0.1243***
	（0.0187）	（0.0187）	（0.0187）	（0.0187）	（0.0187）

续表

	（1）	（2）	（3）	（4）	（5）
	ols	sureg	2sls	3sls	迭代 3sls
Aboard	0.1234***	0.1231***	0.1234***	0.1231***	0.1209***
	（0.0185）	（0.0185）	（0.0185）	（0.0185）	（0.0185）
Mixreform	−0.7050**	−0.7044**	−0.7050**	−0.7044**	−0.6993**
	（0.3428）	（0.3421）	（0.3428）	（0.3421）	（0.3424）
*TOP*10	0.3795***	0.3788***	0.3795***	0.3788***	0.3732***
	（0.0187）	（0.0186）	（0.0187）	（0.0186）	（0.0186）
Age	0.1075***	0.1074***	0.1075***	0.1074***	0.1067***
	（0.0187）	（0.0186）	（0.0187）	（0.0186）	（0.0187）
Slack	−0.0307	−0.0326	−0.0307	−0.0326	−0.0477**
	（0.0206）	（0.0205）	（0.0206）	（0.0205）	（0.0204）
_ *cons*	0.7586**	0.7578**	0.7586**	0.7578**	0.7514**
	（0.3424）	（0.3416）	（0.3424）	（0.3416）	（0.3419）
N	2797	2797	2797	2797	2797
*r*2	0.1008	0.1006	0.1008	0.1006	0.0852

注：小括号内为稳健标准误，*、**、*** 分别表示在 10%、5% 和 1% 水平上显著。

二、替换变量

由于验证了前文设定的基准回归模型能够有效减少内生性问题对实证结果的干扰，后续将继续在此模型的基础上进行检验。为验证结论的稳健性，本研究分别对社会责任、混合所有制改革以及财务绩效三个重要核心变量进行了替换。

（一）替换社会责任变量

选取和讯网社会责任报告总得分作为润灵环球社会责任的替代变

量，得到 2010—2021 年 9640 个观测值，对结果进行重新测算，和讯网与润灵环球同样作为社会责任第三方评价机构，其评价结果更具备客观性和科学性，对润灵环球社会责任评分具有良好的替代性，基于此，我们利用该指标重新检验了混合所有制改革背景下企业社会责任与财务绩效的跨期交互效应。根据表 2-6 的回归结果，支持了前文的回归结论。

表 2-6 替换社会责任变量的回归结果

变量	企业社会责任影响财务绩效（被解释变量：UnEBIT）				变量	企业财务绩效影响社会责任（被解释变量：HEXUNCSR）			
	(1)	(2)	(3)	(4)		(1)	(2)	(3)	(4)
$Mixblance_{t-1}$	0.0239**	0.0249**	0.0240**	0.0208*	$UnEBIT_{t-1}$	0.1512***	0.1076***		0.0927***
	(0.0110)	(0.0116)	(0.0116)	(0.0117)		(0.0148)	(0.0114)		(0.0110)
$HEXUNCSR_{t-1}$	0.0514***	0.0566***	0.0109	0.0461***	$UnEBIT_{t-2}$			0.1283***	
	(0.0114)	(0.0170)	(0.0361)	(0.0116)				(0.0150)	
$HEXUNCSR^2_{t-1}$		-0.0093			$Mixbalance$	0.0352***	0.0349***	0.0292**	0.0368***
		(0.0103)				(0.0121)	(0.0112)	(0.0125)	(0.0121)
$HEXUNCSR_{t-1} \times MI$			0.0002		$dUnEBIT_{t-1}$	-0.0776***			
			(0.0002)			(0.0135)			
$Mixblance_{t-1} \times MI$				0.0310***	$dUnEBIT_{t-2}$			-0.0706***	
				(0.0117)				(0.0135)	
$Controls$	YES	YES	YES	YES	$UnEBIT^2_{t-1}$		-0.0135**		
$\_cons$	-0.3723*	-0.3083	-0.3690	-0.2904			(0.0053)		
	(0.2132)	(0.2284)	(0.2336)	(0.2310)	$Mixreform \times MI$				0.1061***
N	8018	7156	7156	7156					(0.0128)
$r2$	0.1981	0.1957	0.1957	0.1963	$Controls$	YES	YES	YES	YES
年份效应	YES	YES	YES	YES	$\_cons$	0.5447**	0.3230	0.7264**	0.2383
行业效应	YES	YES	YES	YES		(0.2560)	(0.2308)	(0.2843)	(0.2415)
					N	6776	8115	5839	7156
					$r2$	0.2748	0.2630	0.2669	0.2560
					年份效应	YES	YES	YES	YES
					行业效应	YES	YES	YES	YES

注：小括号内为稳健标准误，*、**、*** 分别表示在 10%、5% 和 1% 水平上显著。

（二）替换混合所有制改革变量

针对混合所有制改革变量，本书重点考察国有企业参与混合所有制改革后，其股权结构变化对社会责任与财务绩效的影响。因此参照周绍妮等（2020）的相关研究，选取股权混合度作为股权制衡度的替代变量来衡量国企进行混合所有制改革后股权结构的变化，股权混合度变量为前十大股东中非国有股东占比。回归结果如表2-7所示，可以看出各考察变量的显著性与前文一致，再次支持了前文结论。

表2-7 替换混合所有制改革变量的回归结果

变量	企业社会责任影响财务绩效（被解释变量: UnEBIT）					变量	企业财务绩效影响社会责任（被解释变量: RKSCSR）			
	(1)	(2)	(3)	(4)	(5)		(1)	(2)	(3)	(4)
mix_{t-1}	0.0379**	0.0342*	0.0386**	0.0366*	0.0317*	$UnEBIT_{t-1}$	0.1068***	0.0846***		0.0716***
	(0.0190)	(0.0189)	(0.0189)	(0.0188)	(0.0191)		(0.0219)	(0.0173)		(0.0165)
$RKSCSR_{t-1}$	0.0831***		0.0813***		0.0737***	$UnEBIT_{t-2}$			0.0961***	
	(0.0268)		(0.0203)		(0.0194)				(0.0238)	
$RKSCSR^2_{t-1}$	-0.0102					mix_{t-1}	0.0630***	0.0575***	0.0735***	0.0564***
	(0.0149)						(0.0194)	(0.0184)	(0.0215)	(0.0184)
M_{t-1}		-0.0842**		-0.0852**		$dUnEBIT_{t-1}$	-0.0520**			
		(0.0357)		(0.0356)			(0.0205)			
C_{t-1}		0.1499***		0.1609***		$dUnEBIT_{t-2}$			-0.0366*	
		(0.0342)		(0.0347)					(0.0218)	
$RKSCSR_{t-1} \times MI$				-0.0293		$UnEBIT^2_{t-1}$		-0.0165*		
				(0.0188)				(0.0088)		
$M_{t-1} \times MI$					0.0252	$Mixreform \times MI$				0.0973***
					(0.0303)					(0.0193)
$C_{t-1} \times MI$					-0.0615*	Controls	YES	YES	YES	YES
					(0.0338)	_cons	0.2839	0.1386	-0.1092	0.0855

续表

变量	企业社会责任影响财务绩效 （被解释变量：UnEBIT）					变量	企业财务绩效影响社会责任 （被解释变量：RKSCSR）			
	(1)	(2)	(3)	(4)	(5)		(1)	(2)	(3)	(4)
$Mix_{t-1} \times MI$					0.0423**		(0.3070)	(0.3220)	(0.1961)	(0.3253)
					(0.0194)	N	2597	2797	2168	2797
$Controls$	YES	YES	YES	YES	YES	$r2$	0.3097	0.3263	0.3071	0.3315
$\_cons$	−0.1383	−0.2856	−0.1383	−0.3035	−0.1048	年份效应	YES	YES	YES	YES
	(0.2547)	(0.2742)	(0.2604)	(0.2756)	(0.2580)	行业效应	YES	YES	YES	YES
N	2797	2797	2797	2797	2797					
$r2$	0.2564	0.2597	0.2569	0.2612	0.2576					
年份效应	YES	YES	YES	YES	YES					
行业效应	YES	YES	YES	YES	YES					

注：小括号内为稳健标准误，*、**、***分别表示在10%、5%和1%水平上显著。

（三）替换财务绩效变量

选取总资产息税前利润率作为财务绩效的替代变量进行回归分析，验证实证结果的有效性。从表2-8的回归结果来看，重要变量的显著性几乎没有改变。因此，通过替换核心变量的三组稳健性检验回归结果均与前文结论保持一致。

表2-8　替换财务绩效变量的回归结果

变量	企业社会责任影响财务绩效 （被解释变量：TAEBIT）					变量	企业财务绩效影响社会责任 （被解释变量：RKSCSR）			
	(1)	(2)	(3)	(4)	(5)		(1)	(2)	(3)	(4)
$Mixblance_{t-1}$	0.0248	0.0204	0.0247	0.0224	0.0157	$TAEBIT_{t-1}$	0.0893***	0.0911***		0.0840***
	(0.0183)	(0.0183)	(0.0183)	(0.0183)	(0.0185)		(0.0212)	(0.0184)		(0.0182)
$RKSCSR_{t-1}$	0.0531**		0.0438**		0.0404**	$TAEBIT_{t-2}$			0.0819***	

续表

变量	企业社会责任影响财务绩效（被解释变量: TAEBIT）					变量	企业财务绩效影响社会责任（被解释变量: RKSCSR）			
	(1)	(2)	(3)	(4)	(5)		(1)	(2)	(3)	(4)
	(0.0221)		(0.0174)		(0.0169)	$Mixbalance$			(0.0241)	
$RKSCSR^2_{t-1}$	-0.0147						0.0659 ***	0.0608 ***	0.0762 ***	0.0585 ***
	(0.0127)						(0.0201)	(0.0193)	(0.0221)	(0.0193)
M_{t-1}		-0.0798 ***		-0.0811 ***		$dTAEBIT_{t-1}$	-0.0077			
		(0.0305)		(0.0305)			(0.0177)			
C_{t-1}		0.1057 ***		0.1130 ***		$dTAEBIT_{t-2}$			-0.0158	
		(0.0282)		(0.0288)					(0.0193)	
$RKSCSR_{t-1}\times MI$			-0.0165			$TAEBIT^2_{t-1}$		-0.0092		
			(0.0163)					(0.0077)		
$M_{t-1}\times MI$				0.0339		$Mixreform\times MI$				0.0966 ***
				(0.0250)						(0.0193)
$C_{t-1}\times MI$				-0.0536 *		$Controls$	YES	YES	YES	YES
				(0.0278)		$\_cons$	0.2576	0.1303	-0.1296	0.1062
$Mixblance_{t-1}\times MI$					0.0462 ***		(0.3101)	(0.3140)	(0.1938)	(0.3302)
					(0.0174)	N	2602	2797	2172	2797
$Controls$	YES	YES	YES	YES	YES	$r2$	0.3085	0.3262	0.3057	0.3319
$\_cons$	-0.3398	-0.4660 *	-0.3463	-0.4860 **	-0.3047	年份效应	YES	YES	YES	YES
	(0.2270)	(0.2391)	(0.2248)	(0.2332)	(0.2301)	行业效应	YES	YES	YES	YES
N	2797	2797	2797	2797	2797					
$r2$	0.4399	0.4416	0.4399	0.4425	0.4412					
年份效应	YES	YES	YES	YES	YES					
行业效应	YES	YES	YES	YES	YES					

注：小括号内为稳健标准误，*、**、*** 分别表示在10%、5%和1%水平上显著。

第八节　异质性检验

一、基于企业所属层级的异质性分析

不同行政层级的国有企业所面临的内部治理机制具有差异性，中央企业更为规范的监督治理环境降低了地方政府通过行政参与行为满足自身需求的可能，中央企业能接受的混合所有制改革程度更低，相比之下，非国有资本进入地方国企的条件相对宽松，地方政府也有一定的机会参与辖区地方国企的决策，因此地方国企混合所有制改革对企业社会责任承担影响更加明显。按照中央企业和地方企业分组进行企业所属层级的异质性分析，表2-9的回归结果显示，在地方国企中社会责任与财务绩效的互促关系更显著。限于篇幅，各项异质性分析的控制变量回归结果未列示，其中部分回归中 Mixreform 变量 omitted，可能的原因是受到分组影响，由于该变量是否删减不影响核心变量的显著性，因此该情况可忽略。

表2-9　企业所属层级异质性回归结果

变量	企业社会责任影响财务绩效（被解释变量：UnEBIT）		变量	企业财务绩效影响社会责任（被解释变量：RKSCSR）	
	（1）中央企业	（2）地方国企		（1）中央企业	（2）地方国企
$Mixblance_{t-1}$	-0.0584	0.0649***	$UnEBIT_{t-1}$	0.0079	0.0799***
	（0.0469）	（0.0218）		（0.0335）	（0.0175）

续表

变量	企业社会责任影响财务绩效（被解释变量：UnEBIT）		变量	企业财务绩效影响社会责任（被解释变量：RKSCSR）	
	(1)中央企业	(2)地方国企		(1)中央企业	(2)地方国企
$RKSCSR_{t-1}$	0.0575	0.0785***	Mixbalance	0.2249***	0.0134
	(0.0444)	(0.0230)		(0.0424)	(0.0197)
Controls	YES	YES	Controls	YES	YES
_cons	−0.7044***	0.1715	_cons	−0.9979**	0.2441
	(0.2482)	(0.2969)		(0.3989)	(0.2657)
N	506	2274	N	506	2274
r2	0.3117	0.2751	r2	0.6191	0.2740
年份效应	YES	YES	年份效应	YES	YES
行业效应	YES	YES	行业效应	YES	YES

注：小括号内为稳健标准误，*** 表示在 1% 水平上显著。

二、基于行业性质的异质性分析

国有企业承担的社会责任水平和混合所有制改革程度会因行业不同产生差异，垄断性国有企业通常是关系到国家安全、国家民生和国家经济发展的重要行业，往往出于政策性因素忽略营利目的承担更多社会责任。为维持国计民生稳定发展，垄断性国企混合所有制改革程度较低，因此，预期竞争行业国企相较于垄断行业的显著性更明显。本研究参照岳希明等（2010）的研究，将石油和天然气开采业、烟草制品业、石油加工、炼焦及核燃料加工业、燃气及水的生产和供应业、电力、铁路运输业、水上及航空运输业、邮政业以及电信和其他信息运输服务业划分为垄断行业，其余为竞争行业。回归结果如表 2-10 所示，与垄断行业相比，在竞争行业中企业社会责任与财务绩效的互促关系更明显，混合所有制改革股权结构变化对二者的促进作用更大。

表 2-10　行业异质性回归结果

变量	企业社会责任影响财务绩效（被解释变量：UnEBIT）		变量	企业财务绩效影响社会责任（被解释变量：RKSCSR）	
	(1)垄断行业	**(2)竞争行业**		**(1)垄断行业**	**(2)竞争行业**
$Mixblance_{t-1}$	−0.0194	0.0629***	$UnEBIT_{t-1}$	0.0095	0.0782***
	(0.0341)	(0.0220)		(0.0542)	(0.0174)
$RKSCSR_{t-1}$	0.0351	0.0830***	$Mixbalance$	0.1283**	0.0653***
	(0.0321)	(0.0227)		(0.0560)	(0.0204)
$Controls$	YES	YES	$Controls$	YES	YES
$\_cons$	0.1350	−0.1090	$\_cons$	−0.1831	0.1378
	(0.1348)	(0.2652)		(0.1887)	(0.3393)
N	490	2307	N	490	2307
$r2$	0.2272	0.1919	$r2$	0.3364	0.2005
年份效应	YES	YES	年份效应	YES	YES
行业效应	NO	NO	行业效应	NO	NO

注：小括号内为稳健标准误，**、***分别表示在5%和1%水平上显著。

三、基于股权结构的异质性分析

股权结构是国有企业参与混合所有制改革的核心问题，股权结构的变化反映了企业话语权更多掌握在国有还是非国有一方，关乎企业的未来目标和发展走向，比如是以营利还是承担政策性目标作为企业的首要目标，出于对以上因素的考虑，本研究将股权制衡度分为大于0和小于等于0，即股权结构中非国有股权占比更高和国有股权占比更高两组。

根据表 2-11 回归结果，当国有股权高于非国有股权，即国有资本拥有实质控制权时，企业更倾向于承担社会责任，进而对财务绩效的促进作用更明显，也会更有意愿将所得绩效用于履行社会责任。

表 2-11　股权异质性回归结果

变量	企业社会责任影响财务绩效（被解释变量：UnEBIT）		变量	企业财务绩效影响社会责任（被解释变量：RKSCSR）	
	（1）非国有股权更高	（2）国有股权更高		（1）非国有股权更高	（2）国有股权更高
$RKSCSR_{t-1}$	0.0545	0.0755***	$UnEBIT_{t-1}$	0.0581	0.0706***
	（0.0893）	（0.0205）		（0.0738）	（0.0170）
Controls	YES	YES	Controls	YES	YES
_ cons	−0.2841	−0.1741	_ cons	−0.8789*	0.0405
	（0.2992）	（0.2421）		（0.4506）	（0.3112）
N	232	2565	N	232	2565
r2	0.5182	0.2498	r2	0.6365	0.3318
年份效应	YES	YES	年份效应	YES	YES
行业效应	YES	YES	行业效应	YES	YES

注：小括号内为稳健标准误，*** 表示在 1% 水平上显著。

四、基于外部制度环境的异质性分析

外部制度环境反映了地区的市场化水平，在市场化程度较高的地区，一方面，资本市场的信息获取成本更低，更加明晰的制度和政策能够充分保护投资者的合法权益，有助于吸引更多的非国有资本参与混合所有制改革；另一方面，面临更激烈竞争的国有企业会倾向于通过混合所有制改革提升企业竞争力。本书将市场化进程变量按照中位数进行分

组，分为市场化程度较高和市场化程度较低两组进行异质性分析，从表
2-12 的回归结果可以看出，在市场化程度较高的国有企业通过参与混
合所有制改革更能够促进企业财务绩效和社会责任承担水平。

表 2-12　制度异质性回归结果

变量	企业社会责任影响财务绩效（被解释变量：UnEBIT）		变量	企业财务绩效影响社会责任（被解释变量：RKSCSR）	
	（1）市场化程度高	（2）市场化程度低		（1）市场化程度高	（2）市场化程度低
$Mixblance_{t-1}$	0.0783 ***	−0.0041	$UnEBIT_{t-1}$	0.0579 ***	0.0791 ***
	(0.0266)	(0.0313)		(0.0221)	(0.0239)
$RKSCSR_{t-1}$	0.0465 *	0.1062 ***	$Mixbalance$	0.0657 **	0.0242
	(0.0243)	(0.0360)		(0.0272)	(0.0253)
$Controls$	YES	YES	$Controls$	YES	YES
$\_cons$	0.1456	−0.2239	$\_cons$	0.6461 *	0.0548
	(0.3071)	(0.2719)		(0.3459)	(0.3377)
N	1478	1319	N	1478	1319
$r2$	0.2854	0.2929	$r2$	0.3771	0.3655
年份效应	YES	YES	年份效应	YES	YES
行业效应	YES	YES	行业效应	YES	YES

注：小括号内为稳健标准误，*、**、*** 分别表示在 10%、5% 和 1% 水平上显著。

本章小结

　　本章研究以 2010—2021 年沪深 A 股国有企业为研究样本，实证检
验了混合所有制改革背景下企业社会责任与财务绩效的互动关系，同时
考察了市场化进程对上述关系的调节作用，主要得到以下结论：第一，

企业社会责任与财务绩效之间存在良性互促关系。良好的社会责任承担水平能够促进企业的财务绩效增长，积极的财务绩效会进一步推动企业社会责任承担水平。第二，国有企业正向的财务绩效反馈不是推动其承担社会责任的主要因素。第三，国有企业通过混合所有制改革形成主体多元、合理制衡的股权结构对于财务绩效和社会责任承担水平产生双边的促进作用。第四，市场化进程能强化混合所有制改革对企业财务绩效和社会责任承担水平的正向影响。第五，异质性分析结果表明，在地方国有企业、竞争类国有企业、国有资本拥有实质控制权以及外部制度环境较好的国有企业中，社会责任与财务绩效的互促关系更显著。

基于本章研究，能够得到如下的理论启示与政策建议：

第一，在考虑异质性因素的前提下，积极推进国有企业混合所有制改革。国有企业通过混合所有制改革借助非国有资本的优势有利于提升企业竞争力，增强企业的营利能力。

第二，注重混合所有制改革过程中股权结构的"量变"。在推进混合所有制改革过程中，既要真正实现非国有股东的实质性话语权，也要始终保持国有资本的实质控制权，形成合理制衡的股权结构，这样才能充分利用社会责任与财务绩效反馈的潜在互动循环机制，带动企业长期平稳发展及社会公众利益增长。

第三，政府应进一步推动市场化进程。通过不断优化企业履行社会责任的制度环境，促进市场化制度的完善，实现企业间的充分竞争。在此过程中，企业可以将外部制度环境的有利条件转化为企业发展的内在动力，同时通过满足各利益方的价值诉求，提升企业的社会声誉，实现企业面与社会面的互利共赢。

第三章　权属性质、融资约束与企业创新

——基于经济政策不确定性的视角

混合所有制改革使企业拥有了更大的体量和更高的风险承担能力，从另一个侧面，也意味着企业在做大做强后具备了更丰富的资源和集中力量办大事的能力，这也是混合所有制改革在企业承担社会责任过程中的核心理论基础。经验证据显示，主动承担社会责任的企业往往能够更大概率地获得可观的财务绩效反馈。在接下来的章节中，我们将进一步考察企业通过承担社会责任影响财务绩效、企业成长的微观传导机制，包括企业承担技术创新责任、慈善捐赠责任以及环境社会责任三个方面。通过多个实证研究探讨企业承担社会责任的经济后果并分析其内在的影响机制，通过财务绩效这一落脚点深入研究社会责任在市场经济中的存在意义和对企业成长的微观理论支持。

本章以经济政策不确定性为背景，重点关注的问题是企业在承担创新责任的过程中，权属性质与融资约束的作用机制及其受外部环境的影响。基于 2014—2021 年中国新能源行业 157 家上市公司的 8 年非平衡面板数据，通过面板 Tobit 模型和面板固定效应模型实证分析了在经济政策不确定性的背景下，企业权属性质、融资约束与企业创新的关系。

主要结论如下：经济政策不确定性对企业创新行为拥有正向的激励效应，且在经济政策不确定性水平提升时，融资约束的下降会强化这种激励效应；权属性质仅对企业研发过程的投入阶段产生影响，即对企业创新行为的数量产生正向效应，对创新质量不具有显著的影响；较低的融资约束水平、较高的股权集中度以及较好的企业绩效都能够对企业创新数量和质量产生一定的正向作用。本章通过对企业研发过程中的各阶段进行实证研究，分析了企业主动承担创新责任的内部影响机制和外部干预环境，为行业创新发展与经济高质量增长两个现阶段的重要发展目标提供了政府决策的微观理论支持，为创新战略的布局与实施提供了行业经验证据。

创新是实现经济持续增长的重要力量，企业承担创新责任则是从微观层面保证经济高质量增长的内生动力源泉。党的十九大以后，中共中央推动实施社会经济发展的创新驱动战略，在不断丰富中国制造、中国智造内涵的同时，多次强调了创新在经济发展中的引领作用。创新的执行过程承载于企业，企业是宏观经济发展的微观主体与中观产业发展的基本组织，要实现企业创新发展、经济高质量增长和创新型国家的建设，必须充分调动和发挥微观企业在创新活动中的主体作用。

创新对于企业良性发展的显著作用毋庸置疑，但创新行为从研发到开发的漫长过程会使其受到诸多因素的影响。对于很多企业而言，创新的风险不言而喻。受到产权有限保护的基本背景影响，创新行为的利他性使得很多企业在研发投入和开发支出的决策过程中畏首畏尾，久而久之，创新已成为一种由大型央企或头部民营企业默认承担的社会责任。随着近年来中国经济发展模式逐步从资源消耗型向技术创新型转变，创新与高质量增长作为两个重要基调使产业发展正经历着也将长期经历一个重要的结构变迁。在此过程中，新兴行业不断增加，新兴企业不断成长，新兴技术不断涌现，社会经济环境呈现出了前所未有的不确定性。政府所关注的经济增长贡献群体将难以预测，制度供给的波动性和政策试点的多样性成为常态，企业同时面临着同业竞争、行业发展变迁以及外部政策不确定性等问题。因此，企业必须时刻关注其所在区域政府提供的动态性制度安排所带来的市场机会和政策机会对企业决策的影响，经济政策的变化会对企业的创新发展决策和创新的社会责任承担产生重要影响。

在制度与创新领域的研究中，新能源作为典型的技术密集型行业，具有较高的政策敏感性及显著的"天然创新基因"，已成为近年来学者研究企业创新活动的标准样本。本部分以新能源行业为例，考察在经济政策不确定性的背景下，企业的权属性质差异及融资约束对企业创新行为及结果（创新数量、质量）的影响，对影响企业整个创新过程中各个阶段的核心因素进行系统梳理及实证检验。在企业的创新发展研究中，我们能够发现，不同权属性质企业表现了显著的抗风险能力差异，对于投资周期长、投入资金大，政策风险高的企业创新行为，权属性质将对企业的创新发展产生重大影响，同时，也考察了经济政策不确定性的调节作用，力图探索中央和地方政府在鼓励行业创新发展、企业承担创新责任过程中的发展建议、理论支持及经验证据。

第一节　企业创新行为的相关研究

随着国家科技实力的逐步强大，经济发展一方面要依赖科技成果的数量，另一方面也要依赖科技成果的质量。研发投入代表企业创新的意愿及规模，创新质量则从结果层面表达了创新的水平。两个方面是全面衡量企业创新产出和技术竞争力不可或缺的维度，能够反映企业的核心竞争优势，与企业经营绩效和市场价值存在显著相关关系（Belenzon等，2013；刘督等，2016；蔡绍洪等，2017；李牧南等，2019）。

本节对于企业创新行为的梳理主要体现于两个方面：一是创新如何影响企业的经营结果，二是哪些重要因素能够影响企业的主动创新。意在阐明企业进行创新行为的落脚点以及明确企业承担创新社会责任的前因变量。对于第一方面的研究，学者们近年来主要关注企业在创新过程中投入的人力资本、研发费用、开发支出及成果产出（专利数量、转化金额等）对企业最终经营结果的影响。实证研究发现，研发投入充分的企业通常可以获得更多的垄断利润、市场份额及毛利率，最终实现了企业价值的增加（李仲飞等，2015；李显君等，2018；丁雪辰和柳卸林，2021）。除了研发投入层面，很多学者通过专利数据从创新的结果、质量等方面展开讨论，厄恩斯（Ernst，2001）实证发现，相比于德国专利申请数量，欧洲专利申请数量对企业销售绩效的影响更大，原因在于在欧洲专利局申请的专利的质量更高。阿尔茨等（Artz 等，2010）实证研究发现，专利数量与新产品开发数量存在显著正向关系，但专利数量与企业的总资产收益率和销售增长呈负相关关系，原因可能是随着专利战略的兴起，越来越多的企业将专利作为企业竞争的战略武器。兰茹等（Lanjouw 等，2004）通过使用权利要求数量、专利引用数量、专利被引数量和专利同族规模构建了一个综合指数来反映创新质量，并且发现创新质量与企业的股票市场价值正相关。在企业创新行为前因变量的研究中，学者们在宏、微观的多个维度、层次梳理了诸多能够对企业创新行为造成显著影响的因素，包括宏观的制度环境（刘放等，2016）、金融生态环境（李冲等，2016）、市场环境（齐绍洲等，2017）、经济政策的不确定性（陈德球等，2016；顾夏铭等，2018），以及来自于企业视角的企业外部管制（张峰等，2016）及内部建立的政治关联对创新行为的影响（袁建国等，2015；陈德球等，2016）。

第二节　影响企业创新行为的
影响因素与机制分析

一、经济政策不确定性与企业创新

经济政策不确定性能够对企业创新过程产生重要影响，包括战略选择过程中面临的政策风险，经营过程中的风险控制支出和制度同构成本，以及企业可能面临的创新失败或产权保护低效等带来的不确定性损失或营业收入下降。随着近年来制度与创新情境研究的不断丰富，经济政策的稳定程度被诸多学者作为区域制度环境的代理变量纳入到其与企业经营关系的讨论中。鉴于经济政策不确定性与企业研发之间可能存在的紧密联系，学者们在过去的研究中对二者之间的影响机理进行了探索，但结论并不统一，主要存在两种观点：经济政策不确定性会促进企业研发的激励效应（Bloom，2007；Atanassov 等，2015；郭平，2016）和抑制企业研发的阻碍效应（Bernanke，1983；Akey 等，2016）。相对一致性的结论是，经济政策不确定性对宏观经济运行产生了显著的负面影响，部分学者认为其加剧了重要宏观经济变量和资产价格的波动（Pastor 和 Veronesi，2012；Kuester 等，2015；黄宁和郭平，2015），影响经济周期（Born 和 Pfeifer，2014；Villaverde 等，2015），阻碍经济复苏（Baker 等，2012、2016），因此，也会在一定程度上显著影响企业的创新行为（Stokey，2016；Bhattacharya 等，2017）。而在微观层面，奈特（Knight，1921）对于不确定性领域的系统研究具有代表性和奠基性。他探讨了不确定性、风险和利润之间的关系，认为不确定性是企业盈利与发展的重要因素，任何一种波动都是企业获利的基础，企业家预测波动或者回避不确定性是没有意义的。如果其具备企业家精神，不确定性的存在会促使企业增加研发投入。基于上述分析，本章提出如下假设：

H1：经济政策不确定性对企业创新具有负向的阻碍效应。

H2：经济政策不确定性对企业创新具有正向的激励效应。

二、经济政策不确定性、权属性质与企业创新

政府是政策的供给者和执行者，对企业发展过程中的所需资源发挥着主导作用。混合所有制改革使得绝大部分对经济有重要影响的企业发生了控制权的变更，控制权的异质性使企业呈现出与政府不同的政治距离，在政策信息和资源获取方面表现出显著的差异性。同时，政府的干预程度和政策性负担也有所差异，这些差异成为影响企业研发活动决策与组织的重要影响因素。存在政策环境不确定的背景下，权属性质的差异性决策了企业资源获取能力的不同，从而对企业的创新决策产生影响，尽管陈德球等（2016）的实证研究证实了政治资源在企业的创新决策过程中可能存在诅咒效应，但考虑了经济政策不确定性的背景下，

非国有企业虽然具有更显著的企业家精神和危机意识，但外部发展环境不稳定的前提下，更高的资金成本和收益的不确定性可能使投资者望而却步，其创新决策可能会受到多种因素共同作用而表现出较大的模糊性。在面临较高的经济政策不确定性水平时，非国有企业在资源获取能力有限的前提下可能很难仅仅基于一腔热血来作出充满风险的创新决策。基于上述分析，本章提出如下假设：

H3：在经济政策不确定性较高的背景下，国有企业由于具备更低的融资成本和抗风险能力，相较于非国有企业会表现出更加积极的创新意愿，承担更多的创新社会责任。

三、权属性质、融资约束与企业创新

企业的研发创新活动伴随着信息不对称和较高的投资风险，在资本市场不完备的情况下，内源融资是企业研发投入的决定性因素（Himmelberg 和 Petersen，1994），而基于研发需求的外源融资往往受到一定程度的约束。由于企业从研发创新到商品化使用往往需经历一个漫长的过程，而通常的研发支出会有一半以上作为研发人员的支付工资，因此，很多创新型企业面临着投入金额高，而抵押品缺乏的现状（Hall 和 Lerner，2010；Hall 等，2016），造成了企业在融资约束背景下对创新行为的收缩。经验证据表明，企业主动创新以及提升研发投资强度与企业获得的融资额度正相关（Brown 等，2012），与银行信贷约束负相关（Mancusi 和 Vezzulli，2010）。对中国上市公司的实证研究也支持了上述关系（谢家智等，2014；马光荣等，2014），即企业的研发创新面临着流动性约束。另一方面，企业的外部环境会对上述关系产生影响，如资本市场的发展会增加企业的融资渠道，降低企业的融资成本，促进企业的创新行为。而较高的经济政策不确定性会使企业的外部市场融资环境的动荡程度大幅度增加，对企业的商业信用产生严重的负面冲击（王化成等，2016）。因此，在经济政策不确定性提高的大环境下，外部发展环境的不确定性会阻碍企业的创新行为。"融资难"问题在这一刻将被放大，非国有企业即便不存在融资困难，企业的创新行为也会呈现出更为消极的表现。基于上述分析，本章提出如下假设：

H4：在经济政策不确定性水平较高的区域时，融资约束小的国有企业将表现出更高的抗风险能力，表现出更积极的创新意愿，并承担更多的创新社会责任。

第三节　变量定义、数据来源与模型设定

一、变量界定

（一）被解释变量

对企业创新的衡量，本研究采用的指标如表 3-1 所示。表中变量包含了对于企业研发创新过程中涉及数量与质量的投入阶段、专利申请阶段[①]

[①]　通常的企业研发过程被设定为投入和开发两个阶段，专利申请被纳入到上述的两个阶段之一。但在会计准则下的实际操作中，专利申请在不确定能否申请成功时计入管理费用，确定申请成功后计入无形资产，严格说来，它并不属于上述任一阶段，故本书将其表述为专利申请阶段。

以及开发阶段的多个考量指标。研发投入包括研发投入金额、研发人员数量以及研发费用，为保证数据的科学性，将前两个变量处理为研发投入金额占营业收入比例以及研发人员数量占工作人员比例。专利申请数量能够在一定程度上反映企业研发投入的回报率，从创新质量层面解释企业的创新水平。同时，本研究通过开发支出来衡量企业在开发阶段的表现，也是创新质量的衡量指标之一。开发支出是指符合资本化条件的开发阶段的支出，在会计处理上，开发支出科目在达到预定用途时将一次性结转到无形资产科目。

表 3-1　被解释变量的界定

被解释变量名称	变量符号	定义
研发人员数量占比	$Rd1$	研发人员/工作人员总数
研发投入金额占比	$Rd2$	研发投入金额/营业收入
研发费用	$Rd3$	研发费用取自然对数
开发支出	$Rd4$	开发支出取自然对数
专利申请量（母公司）	$Rd5$	专利申请量（母公司）加 1，取自然对数
专利申请量（总计）	$Rd6$	专利申请量（总计）加 1，取自然对数

（二）解释变量

1. 经济政策不确定性指数（EPU）

采用贝克等基于对《南华早报》文章的关键词搜索编制的中国经济政策不确定性指数。本书截取该指数 2014—2021 年的 8 年数据，在使用该指数时，采用算数平均方法将月度数据转化为年度数据。从政企关系来看，政府对地方大型企业的依赖程度将有所下降，新的政企互动方式和新型政商关系的建立需要政府不断通过各种调控政策来稳定区域经济的发展，也导致了中国近年来的经济政策不确定性指数一直处于高位。截至 2022 年 2 月，根据贝克等基于《南华早报》文章的关键词搜索编制的中国经济政策不确定性指数显示，中国的经济政策不确定性在全球 20 个主要国家中排名第二，仅次于俄罗斯。中国经济政策的不确定性对投资者研判企业价值及企业在未来发展中可能获得的收益会产生重要影响。

2. 融资约束（SA）

本研究采用 SA 指数来计算企业融资约束程度（Hadlock 和 Pierce，2010)①，其优势在于相对简洁、客观、直接的计算方法，同时也具有更强的外生性。企业融资约束测度中的另外两种方法，KZ 指数和 WW 指数均需要在计算过程中进行一次回归估计，整体相对复杂且在回归过程中容易使最终的估计结果偏离真实。另一方面，这两种方法均需要较大的计算量，指标数据的获取也更为复杂，影响最终指数计算的科学性和可靠性。

3. 权属性质（Nature）

企业的研发创新过程是一种回收周期长、资金投入大、未来盈利不确定性较高的风险性行为。因此，在该策略执行的过程中要面临着较高的政策及行业发展的不确定性。考虑到国有企业及国有控股比例更高的企业相较于非国有控股一类企业具有更高的信息与政策的获取能力和解读能力。因此，前一类企业的创新行为可能与后一类企业存在差异。本

---

① SA 根据哈洛克和皮尔斯（Hadlock 和 Pierce，2010）提出的企业融资约束程度计算公式 $SA = -0.737 \times Size + 0.043 \times Size^2 - 0.040 \times Age$，式中，$Size$ 是用企业实际总资产对数值表示的企业规模，Age 是企业年龄，指样本观测年度与企业上市年度的差额。SA 指数计算所得的数值越大，表示企业的融资约束越小。

研究将国有企业及国有控股占比超过 40% 的其他类型企业归为"国有性质一类"，其权属性质为虚拟变量值 1。将"私人控股""港澳台控股""外商控股"以及其他企业归为"民营性质一类"，取值为 0。

控制变量的界定如表 3-2 所示。

表 3-2　控制变量的界定

其他控制变量名称	变量符号	定义
股权集中度	Cr	当年年末企业前十大股东持股/总股数
营业收入增长率	Sg	（本期营业收入－上期营业收入）/上期营业收入
净资产收益率	ROE	息税前利润总额/净资产平均总额
资产负债率	LEV	企业当年年末的总资产和总负债之比
流动比率	Ldr	企业年末流动资产/流动负债
政府补助	$Subsidy$	政府补助/总资产
现金流比率	$Cashflow$	经营现金流/总资产

二、计量模型设定

为更充分地利用样本数据，保证回归结论的可靠性，本研究采用面板 Tobit 模型和面板固定效应模型进行实证检验，具体模型如下。

（一）面板 Tobit 模型

在以 $Rd1$ 研发人员数量占比和 $Rd2$ 研发投入金额占比为被解释变量时，考虑到其数值介于（0，1）之间且存在一定数量的零值，本研究运用面板 Tobit 模型进行分析，左边截取点设为 0，有下式：

$$Rd_{i,t} = \alpha_0 + \alpha_1 EPU_t + \alpha_2 X_{i,t} + \alpha_3 EPU_t \times X_{i,t} + \sum \beta_i x_{i,t} + \eta_i +$$

$$\lambda_t + \varepsilon_{i,t} \tag{3-1}$$

$$\text{且 } Rd_{i,t} = \begin{cases} Rd_{i,t} & 0 < Rd_{i,t} < 1 \\ 0 & otherwise \end{cases}$$

式 3-1 中，i 表示企业；t 表示年份；η_i 是企业固定效应；λ_t 是年份固定效应；$\varepsilon_{i,t}$ 是随机扰动项。

（二）面板固定效应模型

将研发费用、开发支出、专利申请量（母公司、总计）作为被解释变量分别建立面板固定效应模型。计量方程式如下：

$$Rd_{i,t} = \alpha_0 + \alpha_1 EPU_t + \alpha_2 X_{i,t} + \alpha_3 EPU_t \times X_{i,t} + \sum \beta_i x_{i,t} + \eta_i +$$

$$\lambda_t + \varepsilon_{i,t} \tag{3-2}$$

三、数据来源与变量的描述性统计

本研究所使用的数据是 2014—2021 年中国沪深两市的 A 股新能源行业 157 家上市公司的 8 年非平衡面板数据。样本数据来自于国泰安数据库、东方财富网，模型中部分控制变量通过手工抓取年报整理获得。专利申请量来自国家知识产权局专利查询系统。本研究搜集了上市母公司及其子公司、合营公司、联营公司的完整名单，并根据上市公司年报信息保留参与合并报表的子公司、合营公司和联营公司，之后在专利查询系统中获取每一年度上市公司及其子公司、合营公司、联营公司提交的专利申请量。实证研究中采用企业当年专利申请量总计加 1 再取自然对数来衡量研发质量。由于使用不同被解释变量对应了不同的样本数量，受篇幅所限，此处仅汇报以研发投入金额占营业收入比例为被解释变量的描述性统计（见表3-3）。

表3-3 描述性统计

变量名称	样本数	均值	标准差	最小值	最大值
Rd2	693	0.036	0.034	1.00e-04	0.356
EPU	693	5.482	0.511	4.585	6.038
Nature	693	0.298	0.459	0	1
SA	693	5.132	1.407	0.791	9.688
Cr	693	0.053	0.018	0.009	0.100
Sg	693	0.187	0.489	−0.791	5.570
ROE	693	0.041	0.282	−4.742	0.993
LEV	693	0.558	0.205	0.080	3.167
Ldr	693	1.479	0.987	0.120	7.990
Cashflow	693	−0.023	0.128	−2.298	0.278
Subsidy	693	0.004	0.012	1.00e-06	0.159

第四节 实证研究与分析

从6个被解释变量的总体实证结果来看，经济政策不确定性的代理变量（EPU）与企业研发创新过程中的各阶段代理变量指标均呈现出显著的正相关关系，支持了激励效应，假设H2得到了验证。究其原因，经济政策不确定性带来了企业间的信息获取差异并增加了企业外部环境的模糊性，部分企业会试图通过研发创新获得发展先机，通过提升、巩固自身的技术优势来获得更清晰的发展路径，增进自身对市场的掌控能力，锁定市场份额，以保持或提高企业的市场势力。因此，经济政策不确定性对企业的创新数量产生了正向的激励效应。

表 3-4 面板 Tobit 模型的回归结果

变量	研发人员数量占比 Rd1				研发投入金额占比 Rd2			
	(1)	(2)	(3)	(4)	(5)	(6)	(7)	(8)
EPU	0.0923 *** (15.63)	0.0839 *** (12.11)	0.0588 *** (2.97)	0.0901 *** (14.27)	0.0094 *** (4.73)	0.0098 *** (4.35)	0.0211 *** (3.17)	0.0084 *** (4.15)
Nature	−0.0156 (−1.02)	−0.1641 ** (−2.45)	−0.0153 (−0.96)	−0.0145 (−0.94)	−0.0143 ** (−2.35)	−0.0035 (−0.16)	−0.0145 ** (−2.41)	−0.0139 ** (−2.30)
SA	−0.0059 (−1.25)	−0.0045 (−0.94)	−0.0436 ** (−1.97)	−0.0062 (−1.31)	−0.0046 *** (−2.78)	−0.0047 *** (−2.83)	0.0085 (1.17)	−0.0048 *** (−2.85)
Cr	0.3657 (1.12)	0.3062 (0.93)	0.3520 (1.09)	0.3531 (1.09)	0.1952 * (1.71)	0.1983 * (1.72)	0.1972 * (1.72)	0.1933 * (1.69)
Sg	0.0029 (0.53)	0.0029 (0.54)	0.0031 (0.57)	0.0028 (0.52)	−0.0059 *** (−3.08)	−0.0063 *** (−3.26)	−0.0062 *** (−3.25)	−0.0063 *** (−3.22)
ROE	−0.0040 (−0.38)	−0.0062 (−0.57)	−0.0033 (−0.31)	−0.0047 (−0.44)	−0.0049 (−1.28)	−0.0047 (−1.23)	−0.0049 (−1.33)	−0.0050 (−1.34)
LEV	−0.0315 (−1.43)	−0.0302 (−1.38)	−0.0300 (−1.37)	−0.0335 (−1.51)	−0.0196 *** (−2.57)	−0.0197 *** (−2.58)	−0.0199 *** (−2.62)	−0.0205 *** (−2.69)
Ldr	0.0064 (1.44)	0.0058 (1.31)	0.0057 (1.27)	0.0064 (1.43)	0.0008 (0.54)	0.0009 (0.57)	0.0010 (0.68)	0.0008 (0.52)
Cashflow	−0.0247 (−0.82)	−0.0225 (−0.75)	−0.0236 (−0.79)	−0.0338 (−1.04)	−0.0146 (−1.49)	−0.0146 (−1.49)	−0.0158 (−1.59)	−0.0172 * (−1.72)
Subsidy	−0.5243 (−1.16)	−0.5037 (−1.14)	−0.5930 (−1.29)	−5.0425 (−1.09)	−0.0649 (−0.51)	−0.0651 (−0.51)	−0.0489 (−0.38)	−1.9027 (−1.40)
EPU × Nature		0.0265 ** (2.21)				−0.0021 (−0.51)		
EPU × SA			0.0067 * (1.74)				−0.0021 * (−1.79)	
EPU × Subsidy				0.8779 (0.98)				0.3706 (1.36)

续表

变量	研发人员数量占比 Rd1				研发投入金额占比 Rd2			
	(1)	(2)	(3)	(4)	(5)	(6)	(7)	(8)
_cons	-0.4132 *** (-10.07)	-0.3629 *** (-8.15)	-0.2160 * (-1.94)	-0.3967 *** (-9.72)	0.0084 (0.62)	0.0053 (0.36)	-0.0532 (-1.43)	0.0143 (0.99)
样本量	738	738	738	738	693	693	693	693
Wald	272.67	281.36	276.22	270.03	62.18	63.36	65.73	64.29

注：*、**、*** 分别表示在 0.1、0.05、0.01 水平上显著，括号内为对应的 z 值。

由于企业的研发创新过程具有资源消耗大、回收时间长、整体风险高的特点，不同控制权属性的企业对于创新活动可能呈现出不同的态度。因此，本部分研究首先考察了企业权属的异质性对创新行为的影响。表 3-4 的回归结果显示，研发人员数量占比 Rd1 和研发投入金额占比 Rd2 两个被解释变量能够显著被企业的权属性质所干预。研发费用（Rd3）、研发支出（Rd4）、专利申请母公司（Rd5）、专利申请总计（Rd6）四个被解释变量与企业权属性质不相关。经济政策不确定性与权属性质的交叉项系数为正，意味着在区域经济政策不确定性水平较高时，国有性质一类企业的创新行为表现会相对更好，说明了企业的创新行为作为一向风险收益不确定性较高的活动，非国有一类企业在面对波动较大的外部环境时，会望而却步，选择相对保守的创新态度，此时的创新社会责任在更大程度上要依赖于国有性质一类企业。

在 Rd1 和 Rd2 的模型中，权属性质的回归系数整体呈现显著的负相关。一方面说明了权属性质对企业研发过程的投入阶段影响较大，对企业创新数量产生负向效应。另一方面，"国有性质一类"企业相较于"民营性质一类"，其整体研发投入力度较小，后者在发展过程中基于自身更显著的企业家精神和生存危机，其创新行为会呈现出更积极的表现。原因在于，权属性质的不同会给两类企业带来诸多方面的差异，包括政策信息获取、政府补贴支持以及融资成本等方面，"民营性质一类"企业均处于相对的劣势状态。因此，它们更有动力通过加大研发投入，提升自身技术水平，以获得短期超额利润及长期市场势力，以获得行业生存的一席之地。

表 3-5　面板固定效应模型

变量	国有性质一类				民营性质一类			
	研发费用		开发支出		研发费用		开发支出	
	(1)	(2)	(3)	(4)	(5)	(6)	(7)	(8)
EPU	2.4891*** (4.17)	-1.5631 (-0.65)	2.8207** (2.07)	-0.8109 (-0.12)	0.7962** (2.48)	0.0713 (0.07)	0.3139 (0.36)	3.6415 (1.48)
SA	1.8813* (1.85)	-2.3621 (-0.91)	1.0292 (0.64)	-2.3341 (-0.37)	1.5537*** (4.65)	0.6615 (0.54)	1.5934* (1.71)	5.5776* (1.93)
Cr	123.3759*** (3.02)	125.3497*** (3.07)	-20.9715 (-0.30)	-18.7536 (-0.26)	-8.5630 (-0.39)	-7.2905 (-0.35)	155.7638*** (2.59)	156.3978*** (2.60)
Sg	0.6057 (0.37)	0.5176 (0.31)	-0.1062 (-0.03)	-0.2225 (-0.06)	0.0769 (0.31)	0.0876 (0.35)	-1.5239** (-2.09)	-1.6118** (-2.22)
ROE	0.0938 (0.08)	0.1842 (0.16)	-6.9121 (-0.71)	-4.7563 (-0.46)	-0.2079 (-0.37)	-0.2246 (-0.39)	4.3265** (2.41)	4.4252** (2.47)
LEV	8.1607 (1.42)	5.9421 (1.02)	1.5313 (0.16)	-0.1411 (-0.01)	-1.0242 (-1.01)	-1.0023 (-0.97)	-11.7521** (-2.49)	-12.4187*** (-2.63)
Ldr	-0.4910 (-0.43)	-0.6097 (-0.54)	6.9928*** (2.73)	6.9843*** (2.72)	-0.3320 (-1.55)	-0.3536 (-1.64)	-2.1517*** (-2.85)	-2.0275*** (-2.69)
Cashflow	-4.2561 (-0.89)	-3.3423 (-0.69)	0.1319 (0.01)	0.0027 (0.00)	-1.5319 (-1.17)	-1.4581 (-1.11)	-0.8630 (-0.20)	-0.4613 (-0.10)
Subsidy	93.0480 (0.76)	48.3192 (0.39)	453.6097 (1.02)	457.6973 (1.02)	10.0846 (0.60)	9.0703 (0.53)	44.3576 (0.64)	65.9601 (0.93)
EPU×SA		0.7132* (1.79)		0.6022 (0.56)		0.1595 (0.77)		-0.7639* (-1.75)
_cons	-20.8662*** (-2.75)	4.2827 (0.26)	-14.4132 (-1.07)	6.4920 (0.16)	5.8697*** (2.75)	9.9017* (1.72)	4.2787 (0.67)	-14.2353 (-1.00)
样本量	216	216	84	84	492	492	204	204
R^2	0.2462	0.2563	0.2917	0.2953	0.1697	0.1712	0.1961	0.2057

注：*、**、*** 分别表示在 0.1、0.05、0.01 水平上显著，括号内为对应的 t 值。

本书通过面板固定效应模型按企业的权属性质分组对研发费用、开发支出、专利申请（母公司）、专利申请（总计）四个被解释变量进行实证检验，实证结果详见表3-5、表3-6。企业融资约束（SA）在"民营性质一类"企业的开发阶段为正，得到了比较显著的正相关关系，说明民营企业在融资约束较小时会积极增加开发支出，也相对更好地实现了科研成果的转化。说明从创新质量上来看，民营企业的研发工作更加有的放矢，相较于国有企业表现出了更高的科研产出水平，也从侧面反映了部分国有企业的研发投入存在为了投入而投入的"研发投入形式化"问题。在企业创新行为的其他阶段代理变量中表现为不显著或违反经济逻辑的负相关，究其原因涉及以下几点：（1）专利申请本身对资金需求有限，其数量与企业的融资现状一般不会呈现过于密切的关系；（2）融资约束可能并非影响企业创新行为的决定因素，企业的研发战略决策来自于多方面因素影响，同业者竞争、企业发展阶段、决策者态度以及国家对于行业的短期政策都可能对企业的研发行为产生重要影响；（3）企业的创新行为是一项持续性活动，一旦开始，无论企业的资金现状如何都要延续，否则会前功尽弃，所以会出现某些企业的财务风险可能已经很高仍然会尽全力去保持研发投入，这也是造成样本数据在部分模型中的回归结果呈现负相关的可能原因。

在控制变量中，回归模型（表3-4、表3-5）中股权集中度（Cr）变量的回归系数显著为正，说明较为集中的股权有利于企业在发展的关键时期作出果断决策，对于研发投入、开发支出这种具备风险的企业战略性行为，较高的股权集中度更能提升决策效率。同时，我们从权属性质的分组回归中能够发现，"国有性质一类"企业在研发费用的股权集中度获得了显著的回归结果，"民营性质一类"企业在开发支出的股权集中度获得了显著的回归结果，该结果也再次验证了"民营性质一类"企业对于研发质量的重视程度和执行效果。在企业绩效（ROE）变量的回归系数中，我们能够发现，当被解释变量为开发支出时，"民营性质一类"的企业样本中回归结果为正相关，说明相较于"国有性质一类"企业，"民营性质一类"企业在取得较好绩效时更能够促进企业开发支出，通过科研成果的转化占据市场先机。而政府补助变量的回归结果均不显著，其原因可能来自于政府的补贴能力逐年下降以及这些补助占企业自身资产的比例微不足道，使得企业对补贴的依赖日渐减少。

为了考察经济政策不确定性的调节效应，在研究中引入了其与权属性质、融资约束以及政府补贴的交叉项，以反映二者对于企业研发行为的共同作用。回归结果显示，其与权属性质的交叉项呈现显著正向相关，说明了在经济政策不确定性水平越高的地区，国有企业在创新方面的优势就越发明显，其原因在于国有企业对于政府信息更高的对称性以及创新投入过程中更强的资源获取能力，假设 H3 得到了验证。经济政策不确定性与融资约束的交叉项系数总体为正，说明在经济政策不确定性水平较高的地区，融资约束较小的企业会在创新方面拥有更好的表现，强化了资金对于创新的影响力，也可能导致该地区拥有更好现金流的国有企业成为承担创新社会责任的主力军，假设 H4 得到了验证。而在民营性质一类企业开发支出的回归结果中呈现了显著的负相关，说明在较高的政策环境不确定性会使得民营性质一类企业在开发支出的决策中，即便不存在资金问题，也会因为漫长的开发过程和科研转化结果的不确定性而呈现出消极的表现。本研究考虑了所选样本为新能源行业的特殊性，增加了对政府补贴相关效应的考察，发现政府补贴的交叉项系数不显著，说明政府行为的刚性特征，其受外部政策环境的影响可以忽略。

表 3-6 面板固定效应模型

变量	国有性质一类				民营性质一类			
	专利申请（母公司）		专利申请（总计）		专利申请（母公司）		专利申请（总计）	
	(1)	(2)	(3)	(4)	(5)	(6)	(7)	(8)
EPU	0.3409*** (2.79)	−0.1880 (−0.39)	0.5632*** (6.80)	−0.3454 (−1.14)	0.1062 (0.96)	−1.2749*** (−3.78)	0.3313*** (5.25)	−0.5105*** (−2.63)
SA	0.2639 (1.35)	−0.2313 (−0.47)	0.1736 (1.22)	−0.7542** (−2.33)	0.1701 (1.52)	−1.4269*** (−3.72)	0.3264*** (4.97)	−0.6830*** (−2.97)
Cr	−13.7013* (−1.67)	−13.1578 (−1.59)	−0.8776 (−0.16)	−0.6619 (−0.12)	−6.7562 (−0.93)	−7.3553 (−1.04)	1.5425 (0.36)	1.7341 (0.42)
Sg	−0.2887 (−0.86)	−0.2978 (−0.89)	−0.0756 (−0.35)	−0.1029 (−0.48)	−0.1769** (−2.11)	−0.1615* (−1.95)	−0.1580*** (−3.16)	−0.1459*** (−2.98)
ROE	−0.2802 (−1.30)	−0.2579 (−1.19)	−0.2421 (−1.49)	−0.2043 (−1.27)	0.0320 (0.17)	0.0169 (0.09)	0.1092 (0.91)	0.1008 (0.86)
LEV	0.6826 (0.59)	0.4402 (0.37)	1.3484* (1.66)	0.9187 (1.15)	−0.5372 (−1.59)	−0.5016 (−1.53)	−0.4332** (−2.09)	−0.4030** (−1.97)
Ldr	0.1280 (0.59)	0.1142 (0.53)	0.0575 (0.35)	0.0460 (0.29)	0.1716** (2.47)	0.1282* (1.88)	0.0900** (2.17)	0.0665 (1.62)
Cashflow	0.4376 (0.38)	0.6872 (0.61)	0.1603 (0.22)	0.4067 (0.57)	0.0977 (0.22)	0.1985 (0.47)	−0.1067 (−0.41)	−0.0476 (−0.19)
Subsidy	−5.5317 (−0.23)	−12.4679 (−0.49)	2.2650 (1.05)	2.4493 (1.18)	5.7509 (1.02)	3.9479 (0.73)	5.8631* (1.75)	4.6353 (1.40)
EPU × SA		0.0866 (1.12)		0.1587*** (3.18)		0.2896*** (4.36)		0.1824*** (4.61)
_cons	−0.6725 (−0.43)	2.5089 (0.77)	−1.2316 (−1.11)	4.3679** (2.13)	1.4705** (2.03)	9.1418*** (4.82)	0.2359 (0.57)	4.9324*** (4.49)
样本量	186	186	252	252	438	438	528	528
R^2	0.1462	0.1536	0.2859	0.3196	0.0669	0.1145	0.2517	0.2865

注：*、**、*** 分别表示在 0.1、0.05、0.01 水平上显著，括号内为对应的 t 值。

本章小结

本章通过中国新能源行业 157 家上市公司的 8 年非平衡面板数据，实证检验了经济政策不确定性、权属性质、融资约束以及其他一些重要相关影响因素对企业创新行为的影响，得出如下结论：（1）企业在研发过程中的不同阶段，核心变量的影响程度有所差异。专利申请阶段的多个解释变量均不够显著，其在企业研发过程中是一个相对独立的行为，绝大多数财务指标对其无影响。（2）经济政策不确定性对企业创新行为拥有正向的激励效应，且在经济政策不确定性水平提升时，融资约束较小的企业会呈现相对更高的创新水平。（3）权属性质对企业研发过程的投入阶段影响较大，对专利申请阶段和开发阶段不具有显著的影响，"民营性质一类"的企业在研发过程中会更加积极地投入资源。（4）权属性质对政策环境和融资约束有正向的调节作用，国有企业更高的抗风险能力决定了其在外部环境和金融市场的逆风阶段需要承担更多的创新社会责任。（5）较低的融资约束水平、较高的股权集中度以及较好的企业绩效都能够对企业研发过程的不同阶段产生一定的正向作用。

中国企业的发展模式已经由政府引导过渡到市场主导阶段。从长期来看，政府应当强化市场在资源配置中的决定性作用，逐步减少对企业的直接干预，通过构建良好的外部经济环境，让无形之手推动企业技术创新，促进市场在良性竞争中将创新型企业选择下来。从短期来看，由于经济政策不确定性对企业研发投入存在激励效应和选择效应，地方政府及相关职能部门可以放开顾虑，适时适地地调整政策供给，在鼓励企业创新的基础上通过选择效应淘汰落后产能（顾夏铭等，2018）。另一方面，截至 2022 年 2 月，根据贝克等基于《南华早报》文章的关键词搜索编制的中国经济政策不确定性指数显示，中国的经济政策不确定性在全球 20 个主要国家中排名第二，仅次于俄罗斯。中国较高的经济政策不确定性水平在未来时段可能仍然持续处于高位，创新社会责任的承担也需要国有企业作出更大的努力。而从长期来看，通过高质量的经济政策和行政手段不断完善制度环境，使经济政策与制度环境良性互动，实现稳定政策供给与良好制度环境的互为内生。同时，通过不断降低区域间企业的制度距离和制度同构成本，促进企业将更多的精力、资源投入到内在能力的提升上是未来一段时间中央及地方政府治理的重要方向，也是实现企业创新发展、经济高质量增长的重要手段。

第四章 社会参照点、声誉效应与捐赠社会责任的财务绩效

——基于利益相关者认知的视角

本章我们继续从微观层面探讨关于企业慈善捐赠责任的承担。从捐赠管理和利益相关者认知的角度分析企业慈善捐赠的声誉转化问题，以中国 2010—2021 年沪深 A 股上市公司为研究样本，通过声誉模型和实证分析，研究了"捐赠—声誉—绩效"的传导路径与影响机制。研究结论如下：从"捐赠—声誉"的转化效率来看，企业自建基金会在捐款运营控制方面要超过企业与政府及第三方机构合作的运营模式，能够更好地实现企业声誉资本的转化；声誉在慈善捐赠和财务绩效之间存在中介效应，而社会参照点所形成的捐赠落差认知能够对上述关系产生重要影响；相较于非国有企业，社会参照点所带来的捐赠落差对国有企业的影响更不敏感，而存在捐赠顺差时，其对国有企业财务绩效的正向影响也弱于非国有企业。因此，企业管理者在进行慈善捐赠决策时，在条件允许的情况下应该优选自建基金会进行管理，除了考虑自身的捐赠水平外，还需结合利益相关者的感知，通过社会参照点来把握利益相关者的"慷慨"认知是实现企业捐赠责任高质量履行的重要决策依据，也

是建立捐赠社会责任长效机制的重要保证。

慈善捐赠是推动国家公益事业和普及社会公益思想的重要方式，也是企业实现其社会价值的行为表达方式之一。对于中国的公益事业而言，2008 年的汶川地震激发了众多企业的捐赠热情，也使慈善捐赠成为了国家公益事业与企业社会责任的重要衔接点，"现代公益理念""企业公民"等概念也在此后逐步渗透到企业社会责任承担的决策过程中。

近年来，中国企业的慈善捐赠活动日益频繁，众多学者通过大量的理论与实证研究考察了这种企业行为的逻辑动因。研究发现，很多企业希望通过慈善捐赠活动来改善与政府的关系（朱斌和刘雯，2020；黄伟和王旸，2020）、提升企业的社会声誉（傅超和吉利，2017；潘越等，2017）、获得消费者认可（Luo 和 Bhattacharya，2006）、缓解融资约束（彭镇和戴亦一，2015；孙红莉，2019）以及提升品牌的资产价值（郭国庆等，2018；李峰和崔康乐，2022），并最终实现企业绩效或企业价值的增长（卢正文和刘春林，2017；陈建英等，2019；顾雷雷和彭杨，2022）。目前，中国已有 90% 以上的企业有着不同程度的社会捐赠，且捐赠企业的比例有继续上升的态势。然而，慈善捐赠水平的不断提高却伴随着一系列企业丑闻等慈善信任危机事件，引起了整个社会的不良反响。从许多企业的生产经营实例来看，慈善捐赠因其较高的社会曝光度，以及对同业竞争格局的影响，对企业自身成长的催化作用呈现出了显著的"双刃剑"效应。如汶川地震时期的万科，在首次捐款 220 万元后，由于该数额远低于同行业及公众的预期，导致其股票短期内遭到投资者抛售，股价在两个交易日内下跌近 10%；新冠疫情时期的小米在首次捐赠仅 30 万元的医疗防护物资后，导致其捐赠行为在微信和知乎等社交平台被广泛质疑，为缓解负向舆论，小米追加捐款 1000 万元；而鸿星尔克则由于其远超公众预期的捐赠表现，成为了线上销售之王。上述案例表明，企业仅凭捐赠数量并不能获得市场认可，从慈善捐赠到业绩增长之间存在着更复杂的影响因素和传导机制。

企业的慈善捐赠行为可以传递强烈的"亲"社会信号，但在现实中，捐赠管理与外界认知都会对企业慈善行为的经济后果产生影响。在捐赠管理方面，以政府、第三方组织及自主基金会为代表的三种主流捐赠资金管理模式会对资金的有效比例产生重要影响；而在外界认知方面，学者们的相对一致性结论是，外界对什么是"慷慨"的看法尤为重要，它将影响捐赠资金的声誉转化效率，从而影响企业的财务绩效。本研究主要进行了两方面的工作，一是基于企业内部捐赠管理模式的视角，通过分析企业与政府、第三方组织以及自主建立基金会的三种捐赠资金管理过程中的控制能力差异，讨论企业在捐款运营控制方面的最优选择，探索基于慈善基金有效性和声誉积累路径的捐赠管理模式选择策略。二是基于企业利益相关者认知的视角，结合社会参照点的概念，以中国 2010—2021 年沪深 A 股上市公司为研究样本，实证检验"捐赠—声誉—绩效"的传导机制及影响机制。主要贡献体现在如下方面：（1）通过声誉模型对慈善捐赠的声誉资本积累过程进行研究，明确了企业的三种捐赠资金运营模式在声誉资本转化中的效率差异；（2）通过对企业"捐赠—声誉—绩效"传导机制的实证检验，验证了声誉在慈善捐赠和财务绩效之间存在的中介效应，丰富了社会责任的相关情境研究；（3）将锚定理论中的社会参照点纳入到"捐赠—绩效"的讨论框架中，从微观视角解读了企业在慈善捐赠过程中"吃力不讨好"的原因，整合并丰富了企业捐赠行为与财务绩效关系的相关研究结论；（4）从产权性质的角度，明确企业如何从"捐赠—绩效"的关系中把握社会参照点的存在，为不同类型企业捐赠责任的高质量履行提供指导性建议。

第一节　管理与认知视域下的"声誉—绩效"转化机制分析

一、慈善捐赠与企业声誉资本

从利益相关者理论的视角来看，企业长期稳定的经营离不开与利益相关者的良性互动，通过获取他们的支持来给予企业更多的发展资源和更宽松的发展环境（Berman 等，1999），是企业领导者在传统管理层面以外需要关注的关键环节之一。而慈善捐赠被认为是企业与利益相关者建立联系的重要手段，市场经济背景下的充分竞争意味着利益相关者的额外支持能够显著提升企业的竞争力（戴亦一等，2014）。从企业的内部管理及企业文化的建设方面来看，慈善捐赠会提升员工的自豪感，促进"爱岗敬业"，提升企业的凝聚力、生产率以及上下游产业链利益相关者的评价（李祥进等，2012），利益相关者的良好评价可以为企业积累声誉资本，促进企业获得更高的市场关注度，从而达到更高水平的社会信任和合法性，上述环节的实现能够降低企业经营过程中获取关键发展资源的生产成本及交易成本（梁建等，2010；Arthur，2013；张敏等，2013）。在产品市场的终端，良好的企业声誉还可以获取消费侧利益相关者的好感（Sen 和 Bhattacharya，2001），增加消费者的产品购买意愿，实现市场占有率的提升。总体而言，企业可以通过慈善捐赠行为获得利益相关者的正向评价，从而帮助企业获得声誉资本，正向影响企业的长远发展。基于上述分析，本章提出如下假设：

H1：企业的慈善捐赠行为能够为企业带来声誉效应。

二、企业的捐赠声誉转化：管理模式选择与利益相关者认知

企业进行慈善捐赠所带来的社会舆情能够影响企业的外部人评价，而捐赠管理模式也会影响外部人对企业未来捐赠资金使用效率的预期，从而影响企业的财务绩效。从微观层面来看，企业声誉资本的积累很大程度取决于捐赠的声誉转化效率，在慈善捐赠的具体执行过程中，企业的捐赠数额、捐赠方式、捐赠领域、捐赠项目的社会关注度等因素都会影响捐赠效果。而捐赠方式直接决定了企业未来慈善资金的管理模式。从企业捐赠管理的视角来看，企业捐赠的方式通常分为三种类型：全权委托型、合作开发型和单独运作型，其对应的合作方分别是：政府、第三方慈善组织及企业自主成立的基金会。不同的捐赠方式决定了对合作方的差异性选择，不同的合作方意味着对捐赠资金有效落实的控制能力差别，而控制能力决定了慈善资金的使用效力，也就影响了捐赠的声誉转化水平，基于上述分析，本章提出如下假设：

H2：强合作方具有良好信誉并且维持捐赠资金高效率运作的可能性更大，有助于捐赠方积累声誉资本。

H3：弱合作方的信誉较差或者很可能低效运作捐赠资金，对企业积累声誉资本的作用有限。

围绕企业捐赠动机，大部分研究的解释依据来源于企业的社会责任战略观，认为企业的捐赠行为是其实现战略目标的重要手段。通常而言，利益相关者能否从企业的捐赠行为中获得"善意感知"对于其最终评价具有重要影响，也决定了企业能否在捐赠后获得生产要素与客户来源等方面的竞争优势。很多学者试图通过考察捐赠与绩效的关系来探索其中的逻辑。然而，利益相关者的"善意感知"是具有不确定性且难以量化的，他们会基于先入为主的预期来评价企业的捐赠数量、质量是否充分，从而评价企业的捐赠是否带有善意，最后才会影响企业的经营绩效。所以，企业的捐赠水平与自身的前期社会认知密切相关，当其捐赠数量没有达到利益相关者预期时，往往会得到负面评价，甚至影响企业声誉。因此，万科与鸿星尔克的捐赠反差便容易理解，其核心问题在于利益相关者心中的参照标准，即社会参照点。

捐赠行为通常能够为企业赢得声誉而得到更广泛的关注，但从长期来看，也会改变利益相关者对企业的预期，形成道德负担。聚光灯下的"捐赠明星"将接受更加严格的社会审查，包括其捐赠的动机、途径、方式、数量等任何层面的不妥善都会被予以过分解读或放大，久而久之，捐赠者的正面贡献则被认为是理所应当。因此，企业过往捐赠行为所形成的"慈善储备"成为了社会责任战略执行的羁绊。其具体表现为，具有高度社会期许的企业捐赠行动往往被解读为迎合性捐赠，从而难以获得显著的经营绩效，其原因在于，此时的利益相关者并不会对企业的捐赠行为给与高度评价并转化为企业声誉，也不会帮助企业获得更多的发展资源。利益相关者的先期认知无形中将企业的捐赠支出转化成了企业承担社会责任的义务。

总体而言，慈善捐赠能够帮助企业在履行社会责任的同时获利，也可能因舆论和政府压力而对资源的过度消耗导致自身发展性不足（郑呆娉和徐永新，2011）。从根本上来看，社会参照点决定了利益相关者对于捐赠落差的认知，也决定了企业捐赠行为是"慈善"还是"完成义务"的认定，最终基于声誉的转化程度而影响企业的财务绩效。基于上述分析，本章提出如下假设：

H4：当捐赠低于社会参照点时，企业的捐赠行为将被视为对基本社会义务的履行，无法产生正向的声誉效应，导致捐赠与财务绩效之间至少不会呈现显著正相关关系。

H5：当捐赠高于社会参照点时，企业的捐赠行为才会被认定为是一种社会慈善责任，从而通过正向的声誉效应提升企业的财务绩效。

三、权属性质、社会参照点与捐赠的财务绩效

在企业的权属性质方面，国有企业与非国有企业在利益相关者的认知过程中亦存在差异。国有企业一直是承担社会责任的主力军，因此，其权属性质与社会责任承担具有一定的内生性关系，国有企业与非国有企业的捐赠差异主要体现在社会责任履行的动机上。西方经济学的自利假设习惯于将企业的核心目标假设为利润最大化，因此，非国有企业承担社会责任的目的便是获取资源或维护稳定（田祖海和叶凯，2017），利益相关者会将其承担过程中的主观不情愿赋予更大程度的认知假定。而国有企业是社会主义公有制的主要代表，自新中国成立以来，国有企业在日常经营过程中一直同步承担着税收、就业、维稳等责任。那么，其捐赠行为更容易被理解为是一个"纯化"的利他行为。所以，一旦面临着与社会参照点的比较，国有企业的失常表现更容易获得社会谅

解，也自然会表现为较小的社会负向评价。非国有企业则面临相反的处境，由于利益相关者对其"功利性捐赠"先入为主的认知，当其捐赠的数量或质量无法达到社会参照点时，利益相关者会予以"果然如此"式的解读来对其行为进行认定，这种负向情绪会使得"捐赠—绩效"之间呈现更强的负相关关系。而当企业在经营周期中具有良好的捐赠表现时，即其捐赠水平高于社会参照点，非国有企业对于社会责任战略的整合能力便体现出了优势，相较于国有企业自身存在的组织惰性，非国有企业将更有能力利用正向的社会评价而整合更多的社会资源，从而实现更好的绩效回馈。总体而言，国有企业由于其先天的社会责任承担属性，基于社会参照点的利益相关者认知对其财务绩效的影响更不敏感，基于上述分析，本章提出如下假设：

H6：当捐赠低于社会参照点时，国有企业的财务绩效受到这种捐赠落差的影响要小于非国有企业。

H7：当捐赠高于社会参照点时，非国有企业的财务绩效相较于国有企业会获得更大的正向影响。

第二节　捐赠管理与声誉转化：
基于 KMRW 模型的分析

本部分研究运用 Kreps、Milgrom、Roberts 和 Wilson 四人构建的 KMRW 声誉模型，对企业通过不同方式进行慈善捐赠所获得的声誉效益进行分析。假设在完成捐赠合作过程中双方进行博弈，分别为捐赠方和合作方。根据信息不对称理论，捐赠方在期初判断合作方的执行能力时，只能基于可获得的相关信息及历史表现进行分析，在捐赠合作完成后，可结合本周期合作方的表现来判断下一周期合作方是否具备胜任能力，继而选择合作或放弃合作。合作方从捐赠合作中获得的效益与现阶段和以后阶段的行为有关，因此构造合作方单阶段效用函数 W（W 表示这次合作方选择认真落实捐赠资金能获得的信誉数量，不同选择会导致对应 W 值变化）。基于 KMRW 声誉模型，本研究用 k 表示合作方的类型，$k = 0$ 时代表强合作方（即对捐赠资金具有较强管理能力），$k = 1$ 时代表弱合作方。m 表示捐赠资金失效比率，即未发挥预期捐赠作用资金占所有捐赠资金的比例（$0 \leqslant m \leqslant 1$），$m$ 越大说明合作方从捐赠中获得的私利越多，m^e 表示捐赠方对捐赠资金的预期失效比率。一般情况下，合作方从捐赠资金中获得的私利会因捐赠方"捐款问责"等监督措施而减少，但要保证 $W \geqslant 0$，即合作方在保证捐赠资金有效运行的情况下会比不作为获得更大的总效益。由此构造合作方的单阶段声誉效益函数：

$$W = -\frac{1}{2} m^2 + k(m - m^e) \tag{4-1}$$

当 $k = 0$ 时，合作方选择将捐赠资金有效运行，此时 $W = -\frac{1}{2} m^2$，只有 $m = 0$ 时，才能获得最大效益，在下一周期被捐赠方信任。因此，合作方会积极履职，将资金有效落实；当 $k = 1$ 时，$W = -\frac{1}{2} m^2 + m - m^e$。由于 m^e 会随着双方合作次数的增加而减小，理性的合作方知道捐赠方的监督是长期的，为了获得最终效益会选择高效落实捐赠资金，直至最后一次博弈时 $W \geqslant 0$。

一、政府作为合作方

政府作为合作方，企业可以积累的声誉资本有限。政府部门作为受捐赠方在实际运作慈善资金时，借助国家公信力向地方"劝募"就可以获得企业的响应，此时，企业的捐赠在很大程度上通过政府落实捐赠资金时，由于捐赠监督机制不完善或管理的响应链条过长，捐赠的预期效益会呈现更大的不确定性，也难以保证企业声誉的积累具有持续性。同时，由于相关部门的负责人实行任期制，可能的届别效应会不断冲击原有的政企关系，使得企业需要频繁变动捐赠方案，难以形成长效积累声誉资本的模式。因此，除了响应国家政策等情况，企业捐赠时通常会选择其他更具效率的捐赠管理模式。

以政府作为合作方的框架下，捐赠方与合作方视为单阶段博弈，$k = 1$ 表示政府部门为弱合作方，假设政府作为合作方时，捐赠方预计捐赠资金大都是有效的，m^e 趋近于 0。函数变为：

$$W = -\frac{1}{2}m^2 + m$$

$$\frac{\partial W}{\partial m} = -m + 1 \tag{4-2}$$

在弱合作方的单阶段博弈中，其最优捐赠资金失效率求解 $m = 1$ 时，$W_{max} = \frac{1}{2}$。由于计算结果为常数，因此，无论合作方与企业如何互动，合作方所获得的信誉均为固定值，表明在单阶段博弈中，理性的合作方没有动力来刻意积累自身的信誉来获得下一阶段的合作机会，即当政府作为慈善捐赠资金的运作主体时，即便其没有将慈善资金运作在一个较高效率的水平，亦能获得下一个经营周期的合作机会。在慈善捐赠发展的早期阶段，企业的慈善捐赠资源几乎都通过政府部门落实，但是由于效率不高、不能专款专用等问题，公众对政府运作捐赠资金的信任度降低。并且与政府有关的捐赠项目信息公开程度较低，其曝光程度较低，难以获得广告效应，对企业积累声誉资本的作用较弱，那么捐赠方非必要不会首选政府为捐赠资金的运作方。

二、与第三方慈善组织合作

企业积极探索与第三方慈善组织合作，共同管理捐赠资源，这种合作开发型的捐赠方式可以弥补全权委托给政府时控制力较弱、难以获得足够的广告效应等缺点，为企业带来的声誉效益优于前者，但是存在一定的合作风险。当第三方慈善组织为运作主体时，企业需要对管理方进行相对长期的考察，此时的捐赠方与合作方形成长期重复博弈关系。假设捐赠合作博弈重复 T 阶段，捐赠方认为合作方拥有良好信誉，是积极落实捐赠资金的强合作方（ $k = 0$）的先验概率为 P，合作方不能积极落实捐赠资金（ $k = 1$）的先验概率为 $1 - P$。U_T 表示 T 阶段合作方高效运作慈善基金的概率，S_T 表示 T 阶段捐赠方认为合作方能够运作慈善资金有效的概率，在均衡条件下 $U_T = S_T$。

如果捐赠方在 T 阶段未发现合作方不积极落实捐赠，根据贝叶斯法则，可得捐赠方在 $T + 1$ 阶段认为合作方参与捐赠合作落实捐赠资金的后验概率为：

$$P_{T+1}(k = 0 \mid m_T = 0) = \frac{P(k = 0, \ m_T = 0)}{P(m_T = 0)} =$$

$$\frac{P(m_T = 0 \mid k = 0) \times P(k = 0)}{P(m_T = 0 \mid k = 0) \times P(k = 0) + P(m_T = 0 \mid k = 1) \times P(k = 1)} =$$

$$\frac{P_T \times 1}{P_T \times 1 + (1 - P_T) \times S_T} \tag{4-3}$$

因为 $P_T \times 1 + (1 - P_T) \times S_T \leqslant 1$，所以 $P_T \leqslant P_{T+1}(k = 0 \mid m_T = 0)$ 。如果合作方在 T 阶段积极参与合作，高效落实捐款，没有损害捐赠方的利益，那么捐赠方在 $T + 1$ 阶段认为其是强合作方，积极落实捐赠资金的概率会增大。反之，如果在 T 阶段合作方出现消极的机会主义行为，并未积极落实捐款，损害捐赠方利益，此时：

$$P_{T+1}(k = 0 \mid m_T = 1) = \frac{P(k = 0, \ m_T = 1)}{P(m_T = 1)} =$$

$$\frac{P(m_T = 1 \mid k = 0) \times P(k = 0)}{P(m_T = 1 \mid k = 0) \times P(k = 0) + P(m_T = 1 \mid k = 1) \times P(k = 1)} =$$

$$\frac{P_T \times 0}{P_T \times 0 + (1 - P_T) \times S_T} = 0 \tag{4-4}$$

那么在 $T + 1$ 阶段，捐赠方认为其是强合作方的概率变为 0，在下一个经营周期将会终止合作。为了维持合作关系，理性的合作方会保证资金的使用效率，帮助企业获得更多的声誉资本，提升企业的绩效。

根据以上分析，假设合作方与捐赠方之间是有限次的重复博弈，在博弈结束前的阶段，合作方都会选择积极完成合作来保持好的信誉，以获得下一个合作机会。

以下分析有限次博弈的最后两个阶段：$T - 1$ 阶段和 T 阶段的博弈情况。在最后的 T 阶段，合作方认为可以最大限度谋取私利，没有必要维持良好信誉，即 $m_T = 1, k = 1$。捐赠方预期捐赠资金失效率为：

$$m_T^e = 0 \times P_T + 1 \times (1 - P_T) = 1 - P_T \tag{4-5}$$

此时合作方获得的总效益为：

$$W = -\frac{1}{2}m_T^2 + k(m_T - m_T^e) = \frac{1}{2} - m_T^e = P_T - \frac{1}{2} \qquad (4-6)$$

由此可知合作方 T 阶段可获得的效益与其所积累的信誉正相关。如果合作方在开始至 $T-1$ 阶段出现了机会主义行为，未积极完成捐赠合作，则 $P_T = 0$，$W = -\frac{1}{2}$。所以合作方会选择在 T 阶段之前积极完成合作，在最后阶段才选择罔顾规则，放弃自身信誉，采取利益最大化的行为。

在 $T-1$ 阶段，假设合作方在这之前都保持良好信誉，积极参与捐赠合作，则 $P_{T-1} > 0$，捐赠方预计的捐赠资金失效率为：

$$m_{T-1}^e = m_{T-1} \times (1 - P_{T-1}) \times (1 - S_{T-1}) = 1 \times (1 - P_{T-1}) \times (1 - S_{T-1})$$

$$(4-7)$$

其中 $(1 - P_{T-1})$ 为合作方实际是弱合作方的概率，$(1 - S_{T-1})$ 为捐赠方认为其操作捐赠资金失效的概率。引入合作方的贴现因子 α，即合作方认为积累信誉对自身长期收益的影响，来进行纯策略选择分析（因为两种纯策略带来的期望收益相等时，合作方博弈时才会考虑混合战略）。以下对 $U_{T-1} = 0$ 和 $U_{T-1} = 1$ 两种纯策略选择的效益进行分析：

（1）合作方在 $T-1$ 阶段有捐赠资金失效的违反规则现象，$U_{T-1} = 0$，$m_{T-1} = 1$，T 阶段捐赠方认为合作方谋求私利造成捐赠资金失效的可能性增大，会放弃与其合作，$P_T = 0$。此时合作方可获得的总效益为：

$$W_{T-1}(k=1) + \alpha \times W_T(k=1) = -\frac{1}{2}m_{T-1}^2 + m_{T-1} - m_{T-1}^e + \alpha \times \left(-\frac{1}{2}\right.$$

$$m_T^2 + m_T - m_T^e\left.\right) = -\frac{1}{2} + (1 - m_{T-1}^e) + \alpha \times \left(P_T - \frac{1}{2}\right) = -m_{T-1}^e - \frac{1}{2}\alpha + \frac{1}{2}$$

$$(4-8)$$

（2）合作方在 $T-1$ 阶段积极落实捐赠资金，即 $U_{T-1}=1$，$m_{T-1}=0$，此时合作方可获得的总效益为：

$$W_{T-1}(k=0) + \alpha \times W_T(k=1) = -\frac{1}{2} m_{T-1}^2 + \alpha \times \left(-\frac{1}{2} m_T^2 + m_T - m_T^e \right) = -m_{T-1}^e - \frac{1}{2}\alpha + \alpha P_T \tag{4-9}$$

当合作方积极落实捐赠资金获得的总效益大于谋取私利获得的总效益时，$-m_{T-1}^e - \frac{1}{2}\alpha + \alpha P_T \geqslant -m_{T-1}^e - \frac{1}{2}\alpha + \frac{1}{2}$，可得：$P_T \geqslant \frac{1}{2\alpha}$。$U_{T-1} = S_{T-1} = 1$ 构成均衡时，$P_{T-1} = P_T \geqslant \frac{1}{2\alpha}$。

由此可知，如果在 $T-1$ 阶段，捐赠方认为合作方是强合作方的概率大于等于 $\frac{1}{2\alpha}$，合作方就会有效落实捐赠资金而不采取机会主义行为。即此条件下，合作方执行力越强，企业的捐款便会得到更好的落实，从而为企业赢得更好的捐赠—声誉转化效率，而实现双方更加稳固的合作。在重复博弈过程中，合作方认为维持企业的良好声誉转化水平对获得更大的自身效益具有积极作用，因此会积极落实捐赠资金，避免违规谋取私利之后失去与捐赠方长久合作的机会。取 $P_{T-1} = \frac{1}{2\alpha}$ 时，无论捐赠资金是否运行有效，合作方的总效益是相同的，将其带入贝叶斯公式：

$$P_T(k=0 \mid m_{T-1}=0) = \frac{P(k=0, \ m_{T-1}=0)}{P(m_{T-1}=0)} = \frac{P_T \times 1}{P_T \times 1 + (1-P_T) \times S_T} = \frac{1}{2\alpha}$$

可得：$U_T = S_T = \dfrac{(2\alpha - 1) P_T}{1 - P_T}$ （4-10）

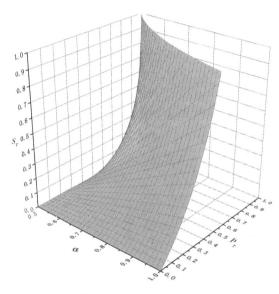

图4-1　$\alpha - P_T - S_T$关系图

如图4-1所示，当$2\alpha - 1 > 0$时，S_T随着P_T的增大而增大。贴现因子大于$\dfrac{1}{2}$的情况下，合作方运行资金有效的概率会随着捐赠方认为合作方是强合作方的概率增大而增大。即捐赠方越信任合作方，合作方信誉越好，越会积极落实捐赠资金以持续维护现有信誉，从而得到该博弈的纳什均衡战略。当$P_{T-1} > \dfrac{1}{2\alpha}$时，$\alpha$在范围内增大，合作方都会在$T - 1$阶段保证捐赠资金有效运行，在最后一阶段选择放弃运行来获得最大总效益。此时，T越大对于合作方获取最终总效益越有利，合作方会想要与捐赠方建立长期合作关系。而企业更偏向于选择信誉好的强合作方来保证捐赠资金的有效使用比率，合作方积累自身信誉的积极性越高，越有利于企业积累声誉资本。

在慈善捐赠的合作中，如果期初 $P_0 > \dfrac{1}{2\alpha}$ ，理性的合作方从期初就会有效运行捐赠资金，维护自身的信誉直到 T 阶段才会采取机会主义行为，违反规则谋取私利，使合作关系破裂，这时获得的总效益大于期初就违反规则获得的效益。因此，慈善捐赠合作的稳定性一部分取决于贴现因子，即使合作方并不是真心想要有效运行捐赠资金，也会伪装成强合作方，使博弈达到帕累托最优，以获得最终总效益最大化。

三、建立企业基金会

为了提高捐赠资金的有效率，大型企业开始通过股权捐赠等方式成立自己的慈善基金会。这种情况下，企业的捐赠是基金会的主要资金来源，基金会的运营水平与企业自身的声誉相辅相成，当基金会积极保证捐赠资金有效运行之后，便可以为企业更好地积累声誉资本，提升企业绩效，同时，基金会也可以得到一定的物质或精神"奖励"。例如，得到更多的股利用于基金会的运营，基金会内部员工获得更多的个人收益以及认同感等。此时基金会作为合作方，既是慈善捐赠的拥护者，也是发起者，捐赠方也会在持续的合作过程中优先选择与自己成立的基金会合作，帮助基金会发展，提高捐赠资金落实的效率。此时引入激励因子 β ，即捐赠方对合作方的激励，合作方的总效益为：

$$W = -\frac{1}{2}m^2 + k(m - m^e) + \beta \tag{4-11}$$

以下分析博弈最后两个阶段的效益：

（1）当 $T-1$ 阶段和 T 阶段合作方都未能有效落实捐赠资金，捐赠方在 T 阶段会放弃给予合作方奖励且 $P_T = 0$：

$$W_{T-1}(k=1) + W_T(k=1) = -\frac{1}{2} + (1-m_{T-1}^e) + \beta +$$

$$\left(P_T - \frac{1}{2}\right) = -m_{T-1}^e + \beta \tag{4-12}$$

（2）当从期初到 $T-1$ 阶段合作方都保持捐赠资金有效落实，在 T 阶段谋取私利时：

$$W_{T-1}(k=0) + W_T(k=1) = \beta - m_{T-1}^e + \beta + \left(P_T - \frac{1}{2}\right) = -\frac{1}{2} -$$

$$m_{T-1}^e + P_T + 2\beta \tag{4-13}$$

当情况（2）获得的总效益大于等于情况（1）获得的总效益时：

$$-\frac{1}{2} - m_{T-1}^e + P_T + 2\beta \geqslant -m_{T-1}^e + \beta$$

可得 $P_T \geqslant -\beta + \frac{1}{2}$

同上取临界点 $P_T = -\beta + \frac{1}{2}$ 带入贝叶斯公式：

$$\frac{P_T \times 1}{P_T \times 1 + (1-P_T) \times S_T} = -\beta + \frac{1}{2}$$

可得：$U_T = S_T = \left(\frac{1+2\beta}{1-2\beta}\right) \times \left(\frac{P_T}{1-P_T}\right) \tag{4-14}$

如图 4-2 所示，因为 $S_T > 0$，所以 $\frac{1+2\beta}{1-2\beta} > 0$，可得在 $0 < \beta < \frac{1}{2}$ 范围内，P_T 相同的情况下，S_T 与 β 正相关，并且随着合作次数的增加，P_T 逐渐增大，S_T 也逐渐趋近于 1。这表明在合作过程中，激励因子在控

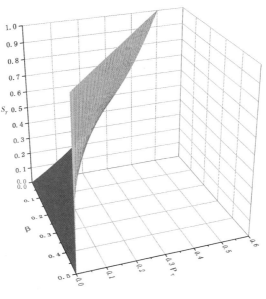

图 4-2　β-P_T-S_T 关系图

制范围内增大时，合作方越有可能积极落实捐赠资金，其经营信誉也会增强，越有利于捐赠方积累声誉资本。即激励的力度在一定范围内越大，信誉越有价值，合作方在最后阶段之前维持捐赠资金有效的概率越大，直到最后阶段选择用前期积累的信誉获得最大收益，达到纳什均衡。由于随着 T 的增加，合作方前期的良好经营表现使得捐赠方预计的资金失效率降低，只要控制 β 在合适的范围内，合作方可以获得的总效益就会增大，这种激励就是长期有效的。

对比图 4-1 和图 4-2，图 4-1 在贴现因子存在的情况下，随着 α 增大，捐赠方也需要选择经营信誉好的强合作方（P_T 较大），捐赠资金有效的概率才会趋近于 1。根据信息不对称理论，企业在不同捐赠项目中，由于地域变化等原因，常常需要与不同的第三方慈善组织合作，捐赠方对第三方慈善组织是否为强合作方存在错误判断的风险，企业对于第三方慈善组织能否有效运行捐赠资金的控制能力较弱。这种情况下，企业通过信誉较好的第三方慈善组织将捐赠资金高效落实才会更有利于积累自身的声誉资本。图4-2中当存在激励因子时，β 趋近于 $\frac{1}{2}$ 时，捐赠资金的有效率越容易达到1，即企业认为自己成立的慈善组织会将捐赠资金有效落实，慈善组织也会积极完成合作以维护自身的经营信誉，这对于企业积累声誉资本的作用最直接。因为如果第三方慈善组织违反规则使合作破裂，会对自身的信誉及企业的声誉都产生负面影响，合作方将无法获得"奖励"，可获得的总效益降低。例如当捐赠资金未能有效落实而对企业声誉资本产生负面作用，影响企业财务绩效时，慈善组织所能获得的股利减少，下一阶段用于正常运营的资金将会减少。可见激励因子对合作方能否有效落实资金的调节能力比贴现因子更强，也更直接，因此，只要企业给予的"奖励"并不影响企业的正常经营，就可以选择成立自己的基金会，通过激励因子增强对捐赠资金有效落实的控制能力，这种方式可以规避与第三方慈善组织合作造成的风险，是企业积累声誉资本的最优选择。基于上述，本章的假设 H2、H3 得到了验证。

第三节 认知视角下的"捐赠—声誉—绩效"机制检验

本研究在第三节讨论了企业基于主动行为的捐赠管理对企业声誉转化的影响，明确了企业在捐赠声誉转化中的最优管理模式。而对于企业的经营而言，由捐赠到声誉的管理并不是企业管理的终点，财务绩效决定了慈善基金在声誉转化中的落地性，良好的捐赠资金管理水平并不意味着企业能够获得良好的经济后果。其原因在于，"声誉—绩效"的转化机制更为复杂，接下来，我们将讨论企业基于被动行为的利益相关者认知对企业捐赠经济后果的影响，进一步明确"捐赠—声誉—绩效"的传导机制及内在逻辑。

一、变量定义

（一）企业慈善捐赠（donation）

本书借鉴刘春济（2022）的做法，将 CSMAR 数据库中的慈善捐赠数据除以营业收入用来衡量慈善捐赠的相对水平，此外，为减少数量级影响，将此比值乘以 1000。

（二）财务绩效（UnEBIT）

本书选择剔除盈余管理之后的总资产息税前利润率作为财务绩效指标，以避免企业可能存在"盈余管理噪声"影响实证结果的可靠性，参考张兆国等（2013）的做法，构建式 4-15 至 4-17 进行指标测算：首先基于 Jones 模型 1 估计出正常的应计利润率，再利用实际应计利润率与其相减得到操纵性应计利润率，最后，用实际的总资产息税前利润率减去操纵的应计利润率得到剔除盈余管理的总资产息税前利润率。

$$\frac{TA_{i,t}}{Assets_{i,t-1}} = \alpha_0 \frac{1}{Assets_{i,t-1}} + \beta_1 \frac{\Delta Sales_{i,t}}{Assets_{i,t-1}} + \beta_2 \frac{PPE_{i,t}}{Assets_{i,t-1}} \qquad (4-15)$$

$$DA = \frac{TA_{i,\,t}}{Assets_{i,\,t-1}} - (\hat{\alpha}_0 \frac{1}{Assets_{i,\,t-1}} \hat{\beta}_1 \frac{\Delta Sales_{i,\,t}}{Assets_{i,\,t-1}} + \hat{\beta}_2 \frac{PPE_{i,\,t}}{Assets_{i,\,t-1}})$$

$$(4\text{-}16)$$

$$UnEBIT_{it} = \frac{EBIT_{i,\,t}}{Assets_{i,\,t}} - DA \qquad (4\text{-}17)$$

式 4-15 至式 4-17 中，TA 表示企业的应计利润；$Assets$ 为总资产；$\Delta Sales$ 表示当年与上年销售收入的差额；PPE 是指设备和厂房等固定资产；DA 表示操纵性应计利润率；$EBIT$ 为企业的息税前利润；$UnEBIT$ 表示剔除盈余管理之后的总资产息税前利润率。

（三）社会参照点

考虑到企业捐赠受到同行业及利益相关者预期影响可能产生不同的效果，本书借鉴刘海建（2022）的做法，根据同行业和历史因素测算出综合指标——社会参照点，衡量企业所面临的期望捐赠额，在此基础上分别计算企业捐赠额低于期望捐赠额的变量 $l1$ 和高于期望捐赠额的变量 $l2$。

当企业捐赠金额减去社会参照点的差额小于 0 时，意为企业捐赠水平未达到社会和利益相关者预期，相反则表示高于预期。设定变量 $l1$ 在此差额小于 0 时取值为差额的实际值，大于 0 时取值为 0；变量 $l2$ 在差额大于 0 时取值为实际值，小于 0 时取值为 0。

综合考虑同行业和历史因素，借鉴西尔特等（Cyert 等，1963）和格雷夫（Greve，2003）计算财务绩效参照点的方法，本研究中慈善捐赠社会参照点的计算公式如下：

$$A_{ti} = \alpha_1 SA_{ti} + (1 - \alpha_1) HA_{ti} \qquad (4\text{-}18)$$

$$SA_{ti} = (\sum_{j \neq i} D_{tj})/(N - 1) \tag{4-19}$$

$$HA_{ti} = \alpha_2 HA_{t-1, i} + (1 - \alpha_2) D_{t-1, i} \tag{4-20}$$

式 4-18 至式 4-20 中，t 和 i 分别表示年份和企业，A 为企业的社会参照点；SA 为企业的社会捐赠值，采用第 t 年除企业 i 自身外，同行业其他企业捐赠额的平均值进行赋值；HA 和 D 分别为企业 i 的历史捐赠值和实际捐赠值。α_1 和 α_2 代表权重，借鉴刘海建（2022）的权重设定，α_1 取值 0.6，α_2 取值 0.9。

（四）企业声誉

结合过往学者的做法，本研究选用"最受赞赏的中国公司"的行业榜（reputation）和无形资产（REP）衡量企业声誉。

（1）最早的企业声誉排名体系是 1982 年《财富》杂志建立的"最受尊敬的美国公司"年度调查。由于该杂志在经济界极具权威性的地位和以事实为依据的风格，其各项调查结果社会认可度较高、可靠性较强，包括企业声誉等调查数据常被用于相关研究。从 2006 年开始，《财富》（中文版）借助网络向中国企业高级经理人发放调查问卷，评选"最受赞赏的中国公司"，问卷其中一部分，就是依据受访者所在行业、为同行业候选企业打分，评选出综合得分最高的前五名进入行业榜。本研究充分考虑到此数据的可靠性和科学性，并借鉴沈洪涛等（2011）的研究，选择行业榜作为声誉的代理指标之一，设置虚拟变量，若企业第 $T+1$ 年入选行业榜取值为 1，否则为 0。

（2）声誉作为企业综合行为能力的重要体现，是企业一项总体性的无形资产，本书借鉴刘艳博和耿修林（2021）、周丽萍等（2016）的研究，采用无形资产的对数来衡量企业声誉。

（五）控制变量

根据相关研究文献，本书选择控制变量包括：财务杠杆、企业成长性、第一大股东持股比例、独立董事占比、两职合一、企业年龄和产权性质。

各变量定义如表 4-1 所示。

表 4-1　变量定义

变量类型	变量名称	变量符号	变量度量
考察变量	慈善捐赠	*donation*	捐赠金额/营业收入×1000
	财务绩效	*UnEBIT*	剔除盈余管理行为之后的息税前利润率
	社会参照点	*l1*	企业捐赠额减去社会参照点小于 0 时，*l1* 为此差额的实际值；大于 0 时，*l1* 取值为 0
		l2	企业捐赠额减去社会参照点大于 0 时，*l2* 为此差额的实际值；小于 0 时，*l2* 取值为 0
中介变量	企业声誉	*reputation*	若 T+1 年入选行业榜，则为 1，否则为 0
		REP	无形资产的自然对数
控制变量	财务杠杆	*LEV*	负债总额/资产总额
	企业成长性	*Growth*	营业收入增长率
	第一大股东持股比例	*TOP1*	第一大股东持股数量/总股数
	独立董事占比	*Indep*	独立董事人数与董事总人数的比值
	两职合一	*Duality*	董事长和总经理为同一人时，则为 1，否则为 0
	企业年龄	*Age*	企业成立年限加 1 的自然对数
	产权性质	*OWNER*	企业为国有或国有控股取值为 1，否则为 0

二、数据来源与变量的描述性统计

本章将中国 2010—2021 年沪深 A 股的上市公司作为研究对象，剔除了金融类上市公司、ST、＊ST、PT 和相关数据缺失的样本。经过筛选得到 12 年共 28262 个观测值，在此基础上，对所有连续变量在样本 1% 和 99% 分位数处进行了缩尾处理。样本公司的企业声誉数据从《财富》（中文版）网站上搜集整理获得；其他数据通过 CSMAR 数据库以及企业年度报告直接或间接计算获取。

限于篇幅字数，本章仅列示式 4-15 至式 4-19 的描述性统计，见表 4-2，其他模型描述性统计备索。

表 4-2　变量的描述性统计

变量名称	样本量	均值	标准差	最小值	最大值
UnEBIT	27418	0.0527	0.0978	−0.2779	0.3513
donation	27418	0.1010	0.4237	0.0000	3.1326
reputation	27418	0.0175	0.1313	0.0000	1.0000
REP	27388	18.8625	1.6915	13.8294	23.4611
LEV	27418	0.4310	0.2076	0.0541	0.9016
OWNER	27418	0.3708	0.4830	0.0000	1.0000
Growth	27418	0.1745	0.4283	−0.5773	2.7446
Indep	27418	0.3750	0.0533	0.3333	0.5714
Duality	27418	0.2723	0.4451	0.0000	1.0000
Age	27418	2.1591	0.7999	0.0000	3.2958
*TOP*1	27418	0.3470	0.1472	0.0874	0.7430

三、模型设定

本章采用巴伦和肯尼（Baron 和 Kenny，1986）、温忠麟和叶宝娟（2014）的方法，构建了式 4-21 至式 4-26。式 4-21 意在检验慈善捐赠与财务绩效的关系，式 4-22、4-23 和式 4-24、4-25 是为进一步验证慈善捐赠影响财务绩效是否基于企业声誉的中介效应。式 4-26 是为考察利益相关者源于企业捐赠行为的感知对企业财务绩效的影响。其中，$UnEBIT$ 为企业财务绩效，$donation$ 为慈善捐赠，$reputation$ 和 REP 分别表示中介变量企业声誉的两种测算指标，$reputation$ 按照所参考的测算方法，对其前置一期处理，$l1$ 和 $l2$ 分别代表企业捐赠水平低于和高于预期的两种情况。$Controls_{i,\ t}$ 表示影响慈善捐赠与财务绩效的控制变量集。具体模型如下：

$$UnEBIT_{i,\ t} = a_0 + a_1 \times donation_{i,\ t} + \sum_2^m a_m Controls_{i,\ t} +$$
$$\sum year + \sum industry + \varepsilon_{i,\ t} \qquad (4\text{-}21)$$

$$reputation_{i,\ t+1} = a_0 + a_1 \times donation_{i,\ t} + \sum_2^m a_m Controls_{i,\ t} +$$
$$\sum year + \sum industry + \varepsilon_{i,\ t} \qquad (4\text{-}22)$$

$$UnEBIT_{i,\ t} = a_0 + a_1 \times donation_{i,\ t} + a_2 \times reputation_{i,\ t+1} +$$
$$\sum_3^m a_m Controls_{i,\ t} + \sum year + \sum industry + \varepsilon_{i,\ t} \qquad (4\text{-}23)$$

$$REP_{i,\ t} = a_0 + a_1 \times donation_{i,\ t} + \sum_2^m a_m Controls_{i,\ t} + \sum year +$$
$$\sum industry + \varepsilon_{i,\ t} \qquad (4\text{-}24)$$

$$UnEBIT_{i,t} = a_0 + a_1 \times donation_{i,t} + a_2 \times REP_{i,t} +$$

$$\sum_3^m a_m Controls_{i,t} + \sum year + \sum industry + \varepsilon_{i,t} \quad (4-25)$$

$$UnEBIT_{i,t} = a_0 + a_1 \times l1_{i,t} + a_2 \times l2_{i,t} + \sum_3^m a_m Controls_{i,t} +$$

$$\sum year + \sum industry + \varepsilon_{i,t} \quad (4-26)$$

模型中，下标 i，t 分别表示企业和时间，$\sum year$ 和 $\sum industry$ 为年份与行业控制变量。

第四节　实证研究结果分析

本章使用 OLS 回归方法检验企业慈善捐赠对财务绩效的影响，表4-3 的结果表明，企业慈善捐赠水平对财务绩效在 1% 的水平下有显著的正向关系，良好的慈善捐赠表现有利于提升企业的财务绩效。表 4-3 中的模型（2）至（5）分别检验了企业声誉基于两种测算方法对慈善捐赠和财务绩效产生的中介效应影响，慈善捐赠能够促进企业声誉积累，假设 H1 得到了验证。模型（3）和模型（5）在加入了声誉中介变量后，企业慈善捐赠和声誉对财务绩效的影响都显著为正，且慈善捐赠的系数分别为 0.0082 和 0.0071，验证了声誉在慈善捐赠促进财务绩效的过程中存在部分中介效应。企业通过慈善捐赠行为向外界传递积极信号有利于企业树立良好的形象和口碑，得到更高的声誉评价，吸引更多的利益相关者参与到企业的经营发展过程中，提升企业融资和获取收益的能力，促进企业经济效益增长。

在控制变量中，企业的营业收入增长率和第一大股东持股比例对企业财务绩效存在显著的正向影响，符合我们的常规预期。其中，股权的集中度越高越能够体现企业的核心目标和利益相关者的整体意愿，企业也会更倾向于响应利益相关者的呼声。

表 4-3 回归结果

变量	（1）	（2）	（3）	（4）	（5）
	UnEBIT	reputation	UnEBIT	REP	UnEBIT
donation	0.0085 ***	0.0119 ***	0.0082 ***	0.2081 ***	0.0071 ***
	（0.0013）	（0.0026）	（0.0013）	（0.0211）	（0.0013）
reputation			0.0254 ***		
			（0.0040）		
REP					0.0067 ***
					（0.0005）
LEV	−0.0526 ***	0.0335 ***	−0.0534 ***	1.9215 ***	−0.0653 ***
	（0.0035）	（0.0038）	（0.0035）	（0.0531）	（0.0037）
OWNER	−0.0023	0.0138 ***	−0.0027 *	0.2493 ***	−0.0040 ***
	（0.0015）	（0.0021）	（0.0015）	（0.0245）	（0.0015）
Growth	0.0236 ***	0.0014	0.0236 ***	0.0936 ***	0.0231 ***
	（0.0023）	（0.0014）	（0.0023）	（0.0247）	（0.0023）
Indep	−0.0155	0.1180 ***	−0.0184 *	0.2824	−0.0180 *
	（0.0108）	（0.0183）	（0.0108）	（0.1752）	（0.0108）
Duality	−0.0027 **	−0.0015	−0.0027 **	−0.1352 ***	−0.0019
	（0.0014）	（0.0015）	（0.0014）	（0.0192）	（0.0013）
Age	0.0027 ***	0.0067 ***	0.0025 **	0.4192 ***	−0.0001
	（0.0010）	（0.0010）	（0.0010）	（0.0138）	（0.0010）
TOP1	0.0499 ***	0.0450 ***	0.0488 ***	1.1321 ***	0.0423 ***
	（0.0043）	（0.0062）	（0.0043）	（0.0650）	（0.0043）
_ cons	0.0298 ***	−0.0739 ***	0.0317 ***	15.4552 ***	−0.0725 ***
	（0.0077）	（0.0087）	（0.0077）	（0.1081）	（0.0102）

续表

变量	（1）	（2）	（3）	（4）	（5）
	UnEBIT	**reputation**	**UnEBIT**	**REP**	**UnEBIT**
N	27418	27418	27418	27388	27388
r2	0.1170	0.0692	0.1181	0.3197	0.1264
year	YES	YES	YES	YES	YES
industry	YES	YES	YES	YES	YES

注：小括号内为标准误，*、**、***分别表示在10%、5%和1%水平上显著。

　　为进一步考察企业可能受到利益相关者预期影响，对企业财务绩效产生不同的效果，采用企业捐赠大于和小于社会参照点两种情况进行分析。表4-4模型（1）中，*l*1 和 *l*2 的系数为 0.0012 和 0.2294，*l*2 在 1%的水平下显著，*l*1 不显著，结果表明，企业低于社会参照点的捐赠不会对财务绩效产生显著影响，高于社会参照点的捐赠能够有效促进企业财务绩效提升，证实了假设 H4 和 H5。模型（2）可以看出 *l*1 对财务绩效不具备显著的相关关系，*OWNER* 与 *l*1 的交叉项系数为正，且在 10%的水平下显著，表明当处于捐赠落差时，国有企业更能够表现出对财务绩效的正向作用，即更小受到这种捐赠落差的负向影响。*OWNER* 与 *l*2 的交叉项不显著，当企业捐赠大于社会参照点时，企业财务绩效水平的提升不会因产权性质产生差异。模型（3）、（4）以产权性质作为全样本的划分依据进行分组检验，结果再次验证了在低于社会参照点时，国有企业财务绩效受到这种捐赠落差的影响要小于非国有企业，更能够表现出促进作用，假设 H6 得到支持。*l*2 的系数为 0.1952 和 0.2162，都在 1%水平下显著为正，说明了当企业捐赠额大于社会参照点时，慈善捐赠对财务绩效的提升作用不受产权性质的影响，但对于非国有企业而言，提升效果更为显著，假设 H7 得到了验证。

在控制变量结果中，企业资产负债率的系数显著为负，资产负债率越高意味着企业将承担更大的债务风险，极易影响到企业自身的经营发展，不利于财务绩效提升。企业的营业收入增长率、第一大股东持股比例对财务绩效存在显著的促进作用，根据经济学理论，符合我们的常规预期。

表 4-4　回归结果

变量	（1）	（2）	（3）	（4）
	UnEBIT	UnEBIT	国有企业	非国有企业
			UnEBIT	UnEBIT
l1	0.0012	0.0002	0.0021*	0.0002
	(0.0008)	(0.0010)	(0.0011)	(0.0011)
l2	0.2294***	0.2419***	0.1952***	0.2162***
	(0.0337)	(0.0558)	(0.0385)	(0.0584)
OWNERL1		0.0025*		
		(0.0014)		
OWNERL2		-0.0250		
		(0.0682)		
LEV	-0.0584***	-0.0585***	-0.0448***	-0.0687***
	(0.0039)	(0.0039)	(0.0055)	(0.0053)
Growth	0.0256***	0.0256***	0.0260***	0.0253***
	(0.0026)	(0.0026)	(0.0043)	(0.0032)
Indep	-0.0188	-0.0186	-0.0059	-0.0323**
	(0.0120)	(0.0120)	(0.0181)	(0.0158)
Duality	-0.0030**	-0.0030**	0.0001	-0.0044***
	(0.0015)	(0.0015)	(0.0031)	(0.0017)

续表

变量	（1）	（2）	（3）	（4）
			国有企业	非国有企业
	UnEBIT	**UnEBIT**	**UnEBIT**	**UnEBIT**
Age	0.0006	0.0006	0.0031	0.0010
	（0.0011）	（0.0011）	（0.0020）	（0.0013）
*TOP*1	0.0488***	0.0488***	0.0333***	0.0574***
	（0.0047）	（0.0047）	（0.0070）	（0.0065）
OWNER	−0.0039**	−0.0034**		
	（0.0017）	（0.0017）		
_cons	0.0355***	0.0353***	0.0399***	0.0283***
	（0.0081）	（0.0081）	（0.0126）	（0.0108）
N	28262	28262	10556	17706
*r*2	0.0994	0.0994	0.1169	0.1144
year	YES	YES	YES	YES
industry	YES	YES	YES	YES

注：小括号内为标准误，*、**、*** 分别表示在10%、5%和1%水平上显著。

本章小结

　　本章通过捐赠管理与认知两个方面探讨了企业"捐赠—声誉—绩效"的传导机制与影响机制。研究结论如下：（1）企业选择成立自己的基金会时，能够增强运营过程中对捐款落实的控制力，从而获得更好的声誉资本积累，与政府合作的运营模式所获得声誉资本积累最弱，与第三方慈善机构合作取决于彼此间信息的对称程度；（2）声誉在慈善捐赠和财务绩效之间存在中介效应，企业能够通过慈善捐赠树立的正面外在形象，使企业获得更高的声誉评价，进而提高财务绩效水平；（3）基于社会参照点所形成的捐赠落差认知能够对财务绩效产生影响。具体而言，在低于社会参照点水平时，企业捐赠金额不具备对财务绩效的推动作用，相比非国有企业，国有企业受到捐赠落差影响更小。高于社会参照点的企业捐赠行为才会被认定为是一种社会慈善责任，从而通过正向的声誉效应提升企业的财务绩效，并且，非国有企业能够从中获得更多的正向收益。

本研究对企业的慈善捐赠管理实践和基于利益相关者认知下的公司治理领域提供了一定的理论支持和经验证据。管理者在进行慈善捐赠决策时，在条件允许的情况下，应该优先选择自建基金会，除了考虑自身的捐赠水平外，还需密切关注利益相关者基于捐赠预期差距的感知，应充分意识到其对财务绩效的影响。此外，要充分考虑不同的捐赠水平下企业产权性质的差异性，管理者需结合企业的自身定位在慈善捐赠中做到有的放矢，实现更高水平的声誉转化。对于政府而言，应该积极宣传企业的慈善捐赠行为，使捐赠信息能够实现更高程度的透明化，避免企业在捐赠过程中受到"道德资本"的绑架，在决策中畏首畏尾，在鼓励企业进行慈善捐赠的同时，建立相应的激励政策和监管机制，确保企业慈善捐赠有效开展，实现企业层面和社会层面的双赢。

第五章　数字化转型、信息溢出效应与企业社会责任履行

——基于企业内、外部经济环境的考察

通过第二章以混合所有制改革和市场化进程为背景对社会责任进行实证检验，使我们明确了外部制度冲击对企业社会责任承担的影响。本章将进一步关注另外一种特殊的制度背景，也是信息时代的重要产物——数字化转型。以 2010—2021 年沪深 A 股上市公司为研究样本，在考虑企业内外部经济环境的情况下，运用文本分析及回归分析的方法，实证检验了企业进行数字化转型对承担社会责任的影响及作用机制，尝试从社会责任履行的角度探讨企业数字化转型的信息溢出效应。研究发现：数字化转型的信息溢出效应对社会责任承担有显著的正向影响；从内部经济环境考虑，企业数字化通过减少盈余管理行为、提升内部控制信息透明度和技术创新水平促进社会责任承担；从企业外部经济环境考虑，数字化水平的提升帮助政府环境规制有效落实、推动慈善捐赠行为，促进企业社会责任履行。因此，企业应充分重视数字化转型为企业带来的契机、加快数字化平台建设，积极推动数字化建设对企业内外部经济环境的正向影响，实现良好的社会责任承担，促进企业与社会层面科技和经济的高质量发展。

改革开放 40 多年，中国企业经历了由开放初期的高速发展到信息时代的迅速壮大，信息技术的发展显著提升了人民的生活水平和工业现代化建设的进程，为社会经济的繁荣稳定作出了巨大贡献。企业管理在融入信息技术后发生了质的飞跃，在经营水平不断提升的同时，以相关者利益最大化为目标的经营理念开始走入人们的视野，越来越多的学者和管理者开始关注企业的社会绩效反馈，他们认为，能够稳定承担社会职能、履行社会责任、获得社会绩效反馈的企业才是符合现阶段高质量、可持续发展的现代企业（王程伟和马亮，2020；Wang 等，2022；连燕玲等，2022）。从企业的社会职能来看，社会责任的履行是市场经济环境下企业社会逻辑的体现（Pache 和 Santos，2013；肖红军和阳镇，2020）。经济体仅依靠财政收入和转移支付并不足以涵盖社会经济发展需求的所有维度。企业作为社会经济发展的微观主体，其有效的承担社会责任并切实有所贡献是经济体稳定运行的重要保证。回顾过往，我国企业承担社会责任的总体数量和质量并不理想，其表面原因来自于"责任—绩效"关系的滞后性和不确定性，更核心的问题在于企业承担社会责任的自身能力以及在利他行为中自身适存性的下降预期。同时，社会责任的总体参与度不高也使得责任承担主体充满顾虑，表现为"出工不出力"或"出力不给力"，久而久之，演化成了一种责任负担，责任履行者只为了减轻外部环境压力，保证基本的合法性，不再关注社会绩效。而从长远来看，企业只有兼顾市场和社会这两种发展逻辑，其所在的经济体才能避免"公地悲剧"，实现长期良性发展。

随着中国经济基础的不断增厚和信息技术水平的不断提升，数字化转型开始在企业和政府部门稳步推进。中国上市公司协会发布的《中国上市公司数字经济白皮书 2022》显示，目前已有近八成的上市公司开展了数字化转型，超过九成的企业认为数字化转型对其营业收入与利润具有切实的促进作用。在数字化转型的过程中，企业借助数字信息技术的创新与应用来实现生产经营方式和发展模式的变革（Vial，2019），这一变革在近年来也在向企业社会责任承担的微观层面逐步渗透。在此过程中，数字化转型不仅能够通过打造新的业态来驱动新一轮的消费与投资增长，还可以赋能传统产业实现产业全要素生产率的倍增效应（李平等，2019）。在企业的社会属性方面，数字化能够通过智能算法、大数据挖掘等技术手段构建社会问题识别数据分析库，提供相应的"社会痛点捕获聚合—企业资源基础与能力优势—社会议题选择与解决范围匹配"的数字服务，重构企业与社会的链接关系，帮助企业战略决策者更清晰地了解、识别、构建与选择相应的社会责任议题（肖红军，2017；刘志阳和陈咏昶，2020；阳镇和陈劲，2021）。在深入企业社会责任各个环节的同时强化企业履行社会责任的意愿与动力，最终提升企业社会责任表现。在这些研究的基础上，进一步探索企业数字化对社会责任表现的影响及其内在传导机制已变得十分重要，这将有助于打开数字化赋能企业价值创造的"黑箱"，从更多维的视角来审视企业数字化价值创造的内在逻辑。

本章以 2010—2021 年沪深 A 股上市公司为研究样本，在考虑企业内外部经济环境的情况下，运用文本分析及回归分析的方法，实证检验了企业进行数字化转型对承担社会责任的影响及作用机制，尝试从社会责任履行的角度探讨企业数字化转型的信息溢出效应。相较既有研究，本章的边际贡献在于：（1）实证检验了数字化转型的信息溢出对企业社会责任承担的促进作用，丰富了社会责任影响机制的相关理论研究和经验证据；（2）关注了企业内部经济环境的影响，通过验证企业盈余管理行为、内部控制信息透明度和技术创新在企业数字化转型和社会责任承担之间的中介效应，明确了数字化进程对企业承担社会责任的内在传导机制；（3）从企业外部经济环境考虑，政府的环境规制和企业慈善捐赠行为在企业数字化转型和社会责任承担之间存在中介效应，进一步明确了数字化进程对企业承担社会责任的外在影响机制；（4）丰富了国家推动数字化转型对企业高质量发展和可持续发展的政策引导意义，对企业数字化转型的相关情境研究进行了有效的拓展。

第一节　数字化转型与企业社会责任

数字化转型与社会责任履行两者统一于企业实现高质量发展与可持续发展的战略框架之下。数字化转型是企业利用数字智能技术深入企业的运营管理和业务的变革过程，推动了企业研发生产与销售服务的全过程数字化，最终实现数字技术深度赋能企业创新链、供应链、价值链和全方位管理的过程。

从企业履行社会责任的决策层面来看，数字化本质上蕴含开放式、共创式与共享式的数字思维，在强化企业集体主义倾向的同时，促进企业的社会责任战略决策意愿。其原因在于：数字技术本身所具备的"可访问性""开放性""包容性"等特征能够让企业的利益相关者低成本、高效率地参与到企业的战略决策过程（Adams 和 Frost，2006；郭海和杨主恩，2021），降低参与者之间的信息不对称程度，提高决策效率。另一方面，信息的高效传播使整个社会转型成为一个数字微社会，社会秩序、群体福祉和他人福利将有更高的可视度和可干预度（Hrisch 等，2014），企业社会责任的战略制定、有效执行及落地效果将呈现出更高质量的内部反馈和社会监督（Vollero，2020）。一个典型的例子是，在信息技术高度发展的今天，网络舆情成为了打破局部均衡、推动改革的重要手段，其原因在于数字化转型形成的信息高效传播使得社会中的责任人人可见，人人可以贡献力量。

从社会群体共同参与责任履行的价值共创视角来看，推动企业社会责任履行是促进利益相关主体共同参与解决公共社会问题的意愿，数字化转型赋予企业的天然内、外部链接关系能够有助于多元利益相关主体更有效地分析与识别彼此间的价值诉求，同时，提升企业的经营、管理及资源的配置效率，为利益相关方及整个社会创造综合价值。因此，企业不仅能够快速响应外部利益相关方的多元价值主张，还可以低成本的将社会性利益相关方纳入价值共创过程，实现企业与多元利益相关方共同创造多元价值，实现社会责任的有效承担（刘志阳等，2020）。基于上述，本章提出如下假设：

H1：企业数字化过程中的信息溢出效应能够正向影响企业的社会责任表现。

第二节　数字化转型对内部社会责任承担的影响机制研究

一、盈余管理

企业数字化对社会责任的主要作用机制在于对内部机会主义倾向的

抑制和对利益相关方信息透明度的改善。从内部机会主义倾向来看，自现代公司治理体系形成以来，企业与股东、高管与董事会等形成多重委托代理关系，机会主义倾向和道德风险成为企业委托代理下的突出问题（Jensen 和 Meckling，1976）。受机会主义驱动，企业可能牺牲利益相关方的利益来实现自身利润最大化，决策者也可以基于持有的公权通过关联方利益输送等方式来谋取私利，表现为以伪社会责任行为来骗取利益相关方的决策支持（肖红军等，2013），最为典型的方式即是通过控制或调整企业对外披露的盈余信息来进行企业的盈余管理。上述行为能够存在的原因在于企业与利益相关方之间存在着明显的信息不对称情况，企业的信息披露体系不够健全。在数字化转型的背景下，数字技术的共享性、高通用性与渗透性将显著缩短企业与利益相关方之间的距离，企业的信息披露体系在数字化情境下将得到全方位的完善与重塑（Hinings 等，2018；肖静华等，2021）。简言之，企业数字化能够大大降低企业与利益相关方的信息不对称和互动成本，降低企业受机会主义驱动的盈余管理倾向，提高会计信息透明度，形成与利益相关方之间深度价值互惠的透明空间。基于上述分析，本章提出如下假设：

H2：数字化转型通过降低企业盈余管理（提高会计信息透明度）提升社会责任表现，即盈余管理水平在企业数字化与企业社会责任之间产生中介效应。

二、企业内部控制

企业的内部控制工作涉及到五目标和五要素，是一项全员参与的工作。控制过程中由监督到内部环境、风险评估、控制活动的执行都需要信息与沟通要素的高质量衔接，这也是企业有效向外部传递内部控制报告的重要保证。企业数字化能够全方位提升内控各个环节的效率与敏捷性（张钦成和杨明增，2022），通过信息化水平的升级和有效管理，动态实现对企业与环境交互中的风险识别、分析与应对，实现管理决策的动态反馈与评估，提高与外部利益相关方的沟通和决策互动，提升企业内控信息披露水平，进一步强化企业与利益相关方的信息透明空间（赵蓓等，2015），最终从披露的内部控制信息质量方面提升企业的信息披露责任（汤晓建，2016）。因此，企业数字化能够改善企业社会责任表现，通过提高企业内控信息披露水平发挥作用，形成对外信息披露增进和对内机会主义抑制的双重路径。基于上述分析，本章提出如下假设：

H3：企业数字化提升了企业内部的数据共享水平，通过改善企业内部控制信息披露提升企业的社会责任承担水平，即企业的内部控制在企业数字化与企业社会责任之间产生中介效应。

三、技术创新

创新是企业高质量发展的核心推动力，可以为企业履行社会责任提供强大动力支撑。数字化转型不仅可以提升企业的技术创新能力（李海舰等，2014），还可以重塑企业的创新模式。过往研究主要体现了如下三个方面：第一，数字化转型拉近了企业与客户之间的距离，提高了企业的市场感知能力，推动企业不断根据用户反馈进行研发创新，增强开发支出的有效性和研究成果的转化效率（肖静华等，2020）；第二，随着大数据、云计算、物联网等技术在产品制造、研发设计、企业管理和客户关系维护等环节的应用，数字化转型已经能够通过改变企业的组织形式来实现数据和知识在企业内部之间的交流和分享（沈国兵和袁征宇，2020；张国胜和杜鹏飞，2022），形成网络化创新生态；第三，数字化转型有助于企业获得梅特卡夫效应，降低企业的边际创新成本，提高企业的创新回报（Loebbecke 和 Picot，2015）。综上所述，数字化转型可以提升企业的创新能力，进而为企业开拓出新的发展空间，提高产品附加值和市场竞争力，为股东创造更大收益，提升企业股东的主动创新责任并提振企业家精神。基于上述分析，本章提出如下假设：

H4：企业数字化转型通过改善企业主动承担创新责任的能力和意愿提升社会责任表现，即技术创新在企业数字化与企业社会责任之间产生中介效应。

第三节　数字化转型对外部社会责任
承担的影响机制研究

数字化转型是一次贯穿企业内外部发展环境的技术改革，涉及企业内部的数字化转型，也涉及企业外部生存环境的转型。在互联网、云计算等数字技术与政府社会治理相结合的背景下产生新的政府治理模式，也形成了企业所面对的数字经济发展环境。企业除了承担内部的基础性社会责任外，往往通过承担环境社会责任、慈善捐赠责任来获得企业外部利益相关者的认可，通过企业声誉的提升，促进长期良性发展。而外部社会责任的承担也将受到企业所在区域内数字经济环境的影响。

一、环境规制

数字化能够促进环境治理中多元主体的协同式治理、弱化环境治理体系的碎片化、丰富环境治理的政策"工具箱"，进而提高政府的环境治理能力、改善环境治理绩效。数字化可以通过以下途径提高政府环境规制的执行力度：（1）地方政府的监管数字化能够实现对所辖地区的污染源头、企业环境治理状况的实时化、全程化和智能化监管，有助于消除政府与企业之间的信息不对称，提升政府监管质量（郭少青，2020）。而政府对污染行为的监管质量是其有效落实环境规制政策、提高规制执行力度的重要保障。（2）跨层次的数字化平台建设有助于实现地方政府环境治理的透明化，从而弱化地方政府与中央政府间委托代理问题引致的负面影响，提高中央政府对地方政府环境规制行为的监管能力，促使地方政府更好地履行环境治理责任（庞瑞芝等，2021）。（3）数字化能够赋能提升地方政府环境治理的智能化水平，有助于提高政府环境政策的科学性、合理性和实时性，有效提升环境规制的执行力度（谭娟等，2018）。（4）数字化建设能够弱化腐败带来的环境政策扭曲。腐败会扭曲环境政策，弱化环境政策的严格程度及其执行力度（Wilson 和 Damania，2005）。数字技术的应用能够消除信息不对称，推动政府、个人、企业之间信息的透明化（余敏江，2020），为政府获取腐败信息提供便利的同时，促使公众更为积极地参与到腐败行为的揭露中，进而降低环保腐败，提升政府的环境规制水平。基于上述分析，本章提出如下假设：

H5：数字化转型能够通过影响地方政府的环境规制力度来提升社会责任表现，即地方政府的环境规制水平在企业数字化与企业社会责任之间产生中介效应。

二、慈善捐赠

慈善捐赠的本意是企业散播的一种亲社会信号，在信息不对称的背景下，该行为动机往往会出现背离信号的解读，包括"象征性""功利性""虚伪的""基于政府利益的交换"等类似的描述，这显然违背了捐赠者的初衷（Fein 等，1990；钱丽华等，2018）。除了企业自身的原因以外，信息管理的主观性和不可验证性增加了印象操纵的可能性，考虑企业的社会绩效在评估中的模糊性，基于影响利益相关者看法的动机，通过操纵绩效信息来实现财务绩效反馈便具备了实践的可行性。

随着数字化转型的推进，信息传递成本不断下降，慈善捐赠的"声誉红利"将变得更容易识别或不易被"误解"。这使得更多的企业有意愿通过慈善捐赠行为改善利益相关者、公众及媒体的外部评价，从而提升企业的声誉并获得社会绩效（Fombrun 和 Shanley，1990；Hillman 和 Keim，2001）。从过往来看，由于声誉及社会绩效缺乏标准化和可量化的指标，具有模棱两可和可塑性，这种特征也为公司在操纵绩效信息方面提供了充足的自由度。数字化转型带来的更高会计信息透明度将有效压缩企业通过印象管理来影响外部评价的空间，使得慈善捐赠行为更有效地表现在社会责任的承担中。另一方面，在信息充分对称的前提下，企业捐赠的机会主义行为将面临更高的经济惩罚，会促进企业的慈善捐赠目的更加纯化，有效规避企业基于慈善捐赠的印象管理，促进更多的企业以"责任—绩效"的长效互动逻辑来承担捐赠社会责任。基于上述分析，本章提出如下假设：

H6：数字化转型提升了企业内外部的信息传递效率，使慈善捐赠行为得到更清晰地解读和更完整地兑现，即慈善捐赠在数字化转型与企业社会责任之间产生中介效应。

第四节 变量定义、数据来源与模型设定

一、变量定义

（一）企业数字化转型（DCG）

本章借鉴吴非等（2021）和袁淳等（2021）的研究思路，收集与数字经济发展相关的规划方案、重要新闻、会议以及近年的政府工作报告等，利用文本分析方法基于对国家相关政策语义的识别得出数字化关键词，将企业年报中被识别到的相匹配的数字化关键词披露频数，作为衡量企业数字化转型的测度数据，并对频数加 1 后取对数处理，得到"数字化转型"指标。

（二）企业社会责任（lnCSR）

参考申明浩等（2022）的做法，采用和讯网社会责任总指数作为企业社会责任的代理指标。和讯网社会责任指数源于第三方机构，能够针对企业社会责任在不同维度的承担情况更为客观的进行多元综合评价，避免基于财务维度衡量可能存在的内生性问题。本书对和讯网社会

责任进行取对数处理。

（三）盈余管理（DAabs）

借鉴阳镇和李井林（2020）、汪玉兰和易朝辉（2017）的做法，采用修正的 Jones 模型分年度分行业估计出企业的可操纵性应计盈余。首先，用净利润减去经营活动现金流量计算出总应计盈余（TA）；其次，采用分行业分年度回归的方法计算出每家公司非操纵性应计额（NDA）；最后，用总应计盈余减去非操纵性应计盈余得出可操纵性应计盈余（DA）。在回归中我们不关心盈余管理的调整方向，只关心盈余管理的规模，因此借鉴田利辉和王可第（2017）的做法，对计算出来的可操纵性应计盈余（DA）取绝对值作为盈余管理的代理指标（DAabs）。

$$\frac{TA_{i,\,t}}{A_{i,\,t-1}} = \alpha_1 \frac{1}{A_{i,\,t-1}} + \alpha_2 \frac{(\Delta REV_{i,\,t} - \Delta REC_{i,\,t})}{A_{i,\,t-1}} + \alpha_3 \frac{PPE_{i,\,t}}{A_{i,\,t-1}} + \varepsilon_{i,\,t}$$

$$(5-1)$$

$$NDA_{i,\,t} = \hat{\alpha}_1 \frac{1}{A_{i,\,t-1}} + \hat{\alpha}_2 \frac{(\Delta REV_{i,\,t} - \Delta REC_{i,\,t})}{A_{i,\,t-1}} + \hat{\alpha}_3 \frac{PPE_{i,\,t}}{A_{i,\,t-1}} + \varepsilon_{i,\,t}$$

$$(5-2)$$

$$DA_{i,\,t} = \frac{TA_{i,\,t}}{A_{i,\,t-1}} - NDA_{i,\,t}$$

$$(5-3)$$

（四）内部控制信息透明度（lnIC）

选用迪博数据库中内部控制信息披露综合指数，通过衡量内部控制信息披露水平体现企业内部控制的信息透明度。借鉴肖红军等（2021）

的研究，对该指标取对数处理，得到内部控制信息透明度指标。

（五）技术创新

本章从投入和产出两方面的指标来体现企业的技术创新能力，即企业的研发投入水平和创新产出成果。

其中，研发投入（lnRD），参考刘春林和田玲（2021）的研究，用企业研发投入加 1 的自然对数来衡量。创新产出（$patent$），用企业专利申请总数加 1 的自然对数来衡量。

（六）环境社会责任（CER）

本章借鉴沈洪涛和周艳坤（2017）、张兆国等（2019）的做法，采用营业收入排污费率作为企业环境社会责任的代理指标。原因如下：第一，征收排污费意在提醒企业减少生态破坏，推动企业内部的技术升级及环境管理以实现排污的下降，这一过程也是积极承担环境社会责任的过程。第二，排污费的征收标准是按照各种类污染物的排放量划分，能够综合反映企业整体的排污情况，具有全面性和科学性。第三，排污费数据在各公司年报明细中均有披露，能够保证数据的可得性和整体样本的完整性。同时，该指标为反向指标，数值越小，说明企业单位营业收入需要缴纳的排污费越少，企业环境责任的承担水平越高。

（七）环境规制（ER）

借鉴叶琴等（2018）的做法，通过单位产值工业废水排放量、单位产值工业 SO_2 排放量以及单位产值工业烟尘排放量来计算环境规制强度综合指数 ER，ER 越大表示污染排放越多，环境规制强度越弱，该指标为反向指标。环境规制具体测算方法如下：

首先将各省份单位产值工业废水排放量、单位产值工业 SO_2 排放量以及单位产值工业烟尘排放量进行标准化，如式 5-4 所示：

$$UE_{ij}^s = [UE_{ij} - \min(UE_j)]/[\max(UE_j) - \min(UE_j)] \qquad (5-4)$$

其中，UE_{ij} 为省份 i 的第 j 类污染物的单位产值排放量，UE_{ij}^s 为指标的标准化结果。$\max(UE_j)$ 表示所有省份中第 j 类污染物的单位产值排放量的最大值，$\min(UE_j)$ 表示所有省份中第 j 类污染物的单位产值排放量的最小值。

计算各类污染物权重：

$$W_j = UE_{ij}/\overline{UE_{ij}} \qquad (5-5)$$

$\overline{UE_{ij}}$ 表示各年度、各省份第 j 种污染物单位产值排放的平均水平。

省份 i 的环境规制综合指数为：

$$ER_i = \frac{1}{3}\sum_{j-1}^{3} W_j UE_{ij}^s \qquad (5-6)$$

（八）慈善捐赠（donation）

目前多数研究采用国泰安金融数据库的"社会责任数据库"或企业年报中"营业外支出"明细中有关捐赠的数据作为衡量慈善捐赠的代理指标，本书借鉴刘春济和高静（2022）的研究，选用国泰安金融数据库的"社会责任数据库"中慈善捐赠数据来衡量，原因是相较于后者，社会责任数据库中的捐赠数据更纯粹。本书将捐赠金额与营业收入的比值作为相对捐赠水平度量，并乘以 1000 以弱化数量级的影响。

各变量的定义及度量方式详见表 5-1。

表 5-1　变量定义

变量类型	变量名称	变量符号	变量度量
考察变量	数字化转型	*DCG*	年报中数字化关键词出现的频数加 1 后取对数
	企业社会责任	ln*CSR*	ln（1+和讯网社会责任评价总指数）
	环境社会责任	*CER*	排污费/营业收入
中介变量	盈余管理	*DAabs*	具体见文内
	内部控制信息透明度	ln*IC*	ln（1+内部控制信息披露指数）
	研发投入	ln*RD*	ln（1+研发投入）
	创新产出	*patent*	ln（1+专利申请总数）
	环境规制	*ER*	环境规制综合指数
	慈善捐赠	*donation*	捐赠金额/营业收入×1000
控制变量	财务杠杆	*LEV*	负债总额/资产总额
	企业成长性	*Growth*	营业收入增长率
	第一大股东持股比例	*TOP1*	第一大股东持股数量/总股数
	董事会规模	*Board*	ln（董事会人数）
	独立董事占比	*IBD*	独立董事人数/董事总人数
	两职合一	*Duality*	当企业董事长和总经理为同一人时，则为1，否则为0
	企业年龄	*Age*	企业成立年限加1的自然对数
	产权性质	*OWNER*	企业为国有或国有控股取值为1，否则为0

二、数据来源与变量的描述性统计

本章选取我国 2010—2021 年沪深 A 股上市公司为研究样本，借鉴相关研究，按照以下标准对数据进行了筛选：（1）剔除金融类上市公司；（2）剔除 ST、*ST、PT、资不抵债或存在数据缺失的上市公司，得到 12 年共计 30060 个观测值构成的非平衡面板数据，并对所有连续变量在样本 1% 和 99% 分位数处进行了缩尾处理。主要解释变量企业数字化转型的数据来源于上市公司年报，借助文本分析法根据构建的数字化关键词库，形成相关词频统计数据；企业社会责任和内部控制信息披露指数数据分别源自于和讯网和迪博数据库；排污费数据通过企业年报中管理费用明细手工整理获得；环境规制综合指数所用到的工业废水、SO_2 和烟尘排放量等数据来自于《中国城市统计年鉴》；其他数据通过国泰安金融数据库以及企业年报直接或间接计算获取。限于篇幅，本书仅通过表 5-2 对基准模型进行描述性统计，其他面板数据的描述性统计备索。

表 5-2　变量的描述性统计

变量名称	样本量	均值	标准差	最小值	最大值
DCG	30060	2.6128	1.3669	0.0000	5.7900
ln*CSR*	29157	3.0676	0.6778	0.0583	4.3188
Size	30060	22.1250	1.2915	19.8090	26.1201
Growth	30046	0.1723	0.4110	−0.5704	2.6123
LEV	30060	0.4201	0.2076	0.0505	0.8837
Age	30060	2.0447	0.9246	0.0000	3.2958
Board	30057	2.1291	0.1991	1.6094	2.7081
Indep	30057	0.3754	0.0535	0.3333	0.5714
Duality	29696	0.2842	0.4510	0.0000	1.0000
*TOP*1	30060	0.3465	0.1488	0.0877	0.7482
OWNER	29555	0.3590	0.4797	0.0000	1.0000

三、模型设定

本章参考巴伦和肯尼（Baron 和 Kenny，1986）、温忠麟和叶宝娟（2014）的做法，并结合研究内容构建了式 5-7 至式 5-9，其中式 5-7 意在检验企业数字化转型对社会责任的影响关系，式 5-8 和式 5-9 是为考察企业内外部经济环境在企业数字化和社会责任承担之间的中介效应。其中，$\ln CSR$ 为企业社会责任，DCG 为企业数字化转型，$Mediator$ 表示内部控制、盈余管理、技术创新、慈善捐赠等中介变量。$Controls_{i,t}$ 表示影响企业数字化与社会责任的控制变量集。具体模型如下：

$$\ln CSR_{i,t} = a_0 + a_1 \times DCG_{i,t} + \sum_2^m a_m Controls_{i,t} + \sum year +$$
$$\sum industry + \varepsilon_{i,t} \tag{5-7}$$

$$Mediator_{i,t} = a_0 + a_1 \times DCG_{i,t} + \sum_2^m a_m Controls_{i,t} + \sum year +$$
$$\sum industry + \varepsilon_{i,t} \tag{5-8}$$

$$\ln CSR_{i,t} = a_0 + a_1 \times DCG_{i,t} + a_2 \times Mediator_{i,t} +$$
$$\sum_3^m a_m Controls_{i,t} + \sum year + \sum industry + \varepsilon_{i,t} \tag{5-9}$$

式中，下标 i，t 分别表示企业和时间，$\sum year$ 和 $\sum industry$ 为年份与行业控制变量。

第五节 实证研究结果分析

一、数字化转型对社会责任的影响及部分中介机制

本章使用 OLS 回归方法检验企业数字化对企业社会责任的影响，表 5-3 的结果表明，企业的数字化转型对社会责任在 1% 的水平下有显著的正向关系，企业数字化程度越高，越有利于提升企业承担社会责任的水平，假设 H1 得到了验证。模型（2）—（6）检验了企业数字化对和讯网社会责任各分项指数的影响，发现企业的数字化转型在股东责任、员工责任、供应商和消费者权益责任、环境责任和社会责任等方面均产生显著的促进效应。控制变量回归结果表明，国有企业和董事会规模大、股权集中度高的企业承担了更多的社会责任。

表 5-3　回归结果

变量	（1）	（2）	（3）	（4）	（5）	（6）
	lnCSR	Shareholder	Staff	Supplier Customer	Environment	Society
DCG	0.0524 ***	0.4556 ***	0.1346 ***	0.1720 ***	0.1643 ***	0.2133 ***
	(0.0037)	(0.0316)	(0.0147)	(0.0216)	(0.0229)	(0.0217)
Growth	0.2056 ***	2.5786 ***	0.1789 ***	-0.0390	-0.0232	0.7211 ***
	(0.0106)	(0.0975)	(0.0369)	(0.0493)	(0.0536)	(0.0639)
LEV	-0.5350 ***	-9.6928 ***	0.3784 ***	0.5620 ***	0.8318 ***	-0.6054 ***
	(0.0260)	(0.2003)	(0.0880)	(0.1259)	(0.1381)	(0.1398)

续表

变量	（1）	（2）	（3）	（4）	（5）	（6）
	lnCSR	Shareholder	Staff	Supplier Customer	Environment	Society
Age	−0.0498***	−1.3818***	0.3332***	0.3814***	0.3688***	0.0606**
	（0.0045）	（0.0407）	（0.0195）	（0.0289）	（0.0290）	（0.0283）
Board	0.3158***	3.4249***	1.1748***	1.6056***	1.6714***	0.3928***
	（0.0257）	（0.2075）	（0.1097）	（0.1610）	（0.1737）	（0.1491）
Indep	0.4736***	3.0703***	3.0981***	3.9937***	4.0979***	1.3385***
	（0.0896）	（0.7420）	（0.3866）	（0.5794）	（0.6276）	（0.5165）
TOP1	0.5723***	7.0112***	0.8995***	0.8956***	1.0805***	1.8906***
	（0.0271）	（0.2341）	（0.1168）	（0.1806）	（0.1856）	（0.1600）
Duality	−0.0160*	−0.1826**	−0.0450	−0.0377	−0.0365	−0.1248**
	（0.0087）	（0.0760）	（0.0331）	（0.0491）	（0.0517）	（0.0508）
OWNER	0.0903***	0.4948***	0.6191***	0.4977***	0.6995***	0.2381***
	（0.0106）	（0.0881）	（0.0451）	（0.0662）	（0.0688）	（0.0623）
_cons	2.2548***	7.5443***	−1.4007***	−3.9907***	−4.1658***	1.4055***
	（0.0862）	（0.7065）	（0.3765）	（0.5350）	（0.5847）	（0.4777）
N	28332	29181	29181	29181	29181	29181
r2	0.1514	0.2618	0.1755	0.1557	0.1637	0.2431
year	YES	YES	YES	YES	YES	YES
industry	YES	YES	YES	YES	YES	YES

注：小括号内为标准误，*、**、***分别表示在10%、5%和1%水平上显著。

二、盈余管理和内部控制信息透明度的中介效应检验

为进一步研究这种促进作用产生的内在原因，本章结合企业内外部经济环境与以往研究，分别对可能存在影响的重要因素进行了中介效应

检验。结果表明企业数字化能够促进社会责任承担，企业数字化转型对盈余管理的系数为-0.0015，在1%水平下显著，说明企业数字化转型能够降低企业采取盈余管理的倾向，提升会计信息透明度，模型（3）进一步加入中介变量盈余管理后，数字化转型对企业社会责任的系数增为0.0423，仍在1%的水平下显著为正，说明盈余管理在企业数字化与社会责任之间存在中介效应，数字化转型在推动企业经营体系升级和生产效率提升的同时，大数据、云计算等数字技术的应用增强了企业捕捉内外部信息的能力，也使企业的信息有迹可循，有利于改善利益相关者与企业之间的信息不对称程度，通过有效提升会计信息质量形成信息溢出，使企业数据更加透明化，更多的利益相关者有机会掌握精准的企业信息，企业也会更倾向于响应多方利益者的主张，积极承担社会责任。在内部控制信息透明度的中介效应检验中，数字化转型对内部控制信息透明度显著正相关，说明数字化转型能够实现对企业内部控制信息透明度的提升，缩短企业与利益相关者之间的信息差距；模型（5）增加了中介变量内部控制信息透明度后，数字化转型对社会责任的影响在1%水平下显著，系数为0.0355，验证了内部控制信息透明度在企业数字化转型与社会责任之间存在部分中介效应，企业通过数字化手段对企业内部环境、风险评估等信息进行动态监控的同时，也降低了内控信息人为操纵的可能性，实现向企业外部进行有效信息传递，进而通过提升内部控制信息质量抑制内部机会主义行为、改善社会责任的承担水平。

在控制变量的回归结果中，企业的营业收入增长率和董事会规模对企业社会责任表现为显著的促进效应，符合我们的常规预期。回归结果中，企业的产权性质与社会责任整体呈现显著正相关，其原因在于，国有企业出于政策性负担的角度往往考虑更多的公众利益，能够以牺牲企业绩效为前提推动地方就业和公共设施建设等，对承担社会责任有更多的主动性和使命感。

表 5-4 回归结果

变量	（1）lnCSR	（2）DAabs	（3）lnCSR	（4）lnIC	（5）lnCSR
DCG	0.0409*** (0.0042)	−0.0015*** (0.0005)	0.0423*** (0.0044)	0.0158*** (0.0012)	0.0355*** (0.0042)
DAabs			−1.0884*** (0.0927)		
lnIC					0.3399*** (0.0250)
Growth	0.2808*** (0.0137)	0.0140*** (0.0020)	0.3084*** (0.0145)	0.0049 (0.0035)	0.2801*** (0.0136)
LEV	−0.6181*** (0.0296)	0.0346*** (0.0029)	−0.6135*** (0.0306)	−0.0769*** (0.0073)	−0.5940*** (0.0295)
Age	−0.0353*** (0.0049)	−0.0028*** (0.0008)	−0.0198*** (0.0064)	0.0029 (0.0018)	−0.0364*** (0.0049)
Board	0.2968*** (0.0291)	−0.0176*** (0.0030)	0.3042*** (0.0307)	0.0384*** (0.0083)	0.2858*** (0.0289)
Indep	0.3947*** (0.0994)	−0.0110 (0.0099)	0.4061*** (0.1047)	0.1432*** (0.0284)	0.3503*** (0.0987)
TOP1	0.5347*** (0.0305)	−0.0201*** (0.0033)	0.5571*** (0.0324)	0.0225** (0.0090)	0.5287*** (0.0303)
Duality	−0.0074 (0.0091)	0.0004 (0.0010)	−0.0057 (0.0098)	−0.0175*** (0.0027)	−0.0018 (0.0090)
OWNER	0.0798*** (0.0122)	−0.0058*** (0.0012)	0.0648*** (0.0128)	0.0154*** (0.0034)	0.0747*** (0.0122)
_cons	2.3105*** (0.0964)	0.1123*** (0.0103)	2.3961*** (0.1036)	3.2076*** (0.0296)	1.2143*** (0.1251)

续表

变量	（1）	（2）	（3）	（4）	（5）
	lnCSR	DAabs	lnCSR	lnIC	lnCSR
N	22899	21841	21192	23555	22899
r2	0.1438	0.0669	0.1547	0.2218	0.1522
year	YES	YES	YES	YES	YES
industry	YES	YES	YES	YES	YES

注：小括号内为标准误，*、**、***分别表示在10%、5%和1%水平上显著。

三、技术创新的中介效应检验

为研究企业内部经济环境中技术创新在数字化转型与社会责任之间的中介效应，本章分别从研发投入和创新产出两方面进行检验，结果如表5-5所示。在检验研发投入的中介效应时，验证了企业数字化转型对社会责任承担水平的正向作用，同时数字化转型对研发投入的影响在1%的水平下显著为正，表5-5的模型（3）在加入了研发投入中介变量后，企业数字化转型对社会责任仍存在显著促进作用，说明了研发投入在二者之间存在部分中介效应，数字化转型有益于企业借助信息溢出所释放的积极信号获得资源，借此增加研发投入来提升企业的竞争力和社会责任承担所需的经济实力。同理，在研究创新产出的中介效应时，数字化转型能够在1%显著性水平下正向影响企业社会责任，且对创新产出的系数为0.2137，依然存在1%水平的显著关系，在模型（6）加入了创新产出的中介效应后，企业数字化转型和创新产出对企业社会责任均存在正向影响，验证了创新产出在数字化和社会责任之间的中介效应，企业通过数字化转型对内外部数据资源的高效整合与管理，进一步实现了与企业外部的信息互通，既拉近了企业与用户之间的距离通过反馈进行研发创新，提升创新效率和成果转化，又通过数字化应用向外部传递积极的信号，带动融资能力提升增加创新投入，进而为创新产出提供有力支撑，使企业有更强的核心竞争力承担更多的社会责任。

在控制变量的回归结果中，企业的营业收入增长率和董事会规模仍表现为对企业社会责任的显著促进效应，符合我们的常规预期。企业产权性质、第一大股东持股比例、独立董事占比等控制变量对社会责任的回归结果与前文保持一致，其中，股权的集中度越高越能够体现企业的核心目标和利益相关者的整体意愿，企业也会更倾向于响应利益相关者的呼声。当企业独立董事人数增加，意味着企业中保持客观立场的声音变大，减少了企业利益最大化的主观决断，能够为第三方利益相关者考虑，促进了企业的社会责任履行。

表 5-5　回归结果

变量	（1）	（2）	（3）	（4）	（5）	（6）
	lnCSR	lnRD	lnCSR	lnCSR	patent	lnCSR
DCG	0.0409 ***	0.2260 ***	0.0192 ***	0.0408 ***	0.2137 ***	0.0189 ***
	(0.0042)	(0.0085)	(0.0041)	(0.0052)	(0.0099)	(0.0051)
lnRD			0.0974 ***			
			(0.0036)			
patent						0.1036 ***
						(0.0048)
Growth	0.2808 ***	0.2587 ***	0.2592 ***	0.1913 ***	0.1418 ***	0.1790 ***
	(0.0137)	(0.0265)	(0.0133)	(0.0156)	(0.0299)	(0.0153)
LEV	-0.6181 ***	1.0149 ***	-0.7254 ***	-0.5083 ***	0.9623 ***	-0.6106 ***
	(0.0296)	(0.0546)	(0.0295)	(0.0370)	(0.0624)	(0.0369)

续表

变量	（1）	（2）	（3）	（4）	（5）	（6）
	lnCSR	lnRD	lnCSR	lnCSR	patent	lnCSR
Age	−0.0353 ***	0.1973 ***	−0.0550 ***	0.0068	0.2104 ***	−0.0155 **
	（0.0049）	（0.0121）	（0.0050）	（0.0065）	（0.0144）	（0.0065）
Board	0.2968 ***	1.0546 ***	0.1966 ***	0.3551 ***	0.8030 ***	0.2728 ***
	（0.0291）	（0.0615）	（0.0289）	（0.0372）	（0.0704）	（0.0366）
Indep	0.3947 ***	1.8114 ***	0.2201 **	0.4422 ***	1.4960 ***	0.2866 **
	（0.0994）	（0.2141）	（0.0978）	（0.1256）	（0.2432）	（0.1225）
*TOP*1	0.5347 ***	0.9542 ***	0.4439 ***	0.4308 ***	0.8277 ***	0.3461 ***
	（0.0305）	（0.0671）	（0.0301）	（0.0402）	（0.0790）	（0.0396）
Duality	−0.0074	−0.0240	−0.0047	0.0014	0.0413 *	−0.0027
	（0.0091）	（0.0181）	（0.0089）	（0.0113）	（0.0230）	（0.0110）
OWNER	0.0798 ***	0.1512 ***	0.0656 ***	0.0615 ***	0.1739 ***	0.0432 ***
	（0.0122）	（0.0262）	（0.0120）	（0.0162）	（0.0288）	（0.0158）
_ *cons*	2.3105 ***	12.1165 ***	1.1237 ***	2.2209 ***	−0.9888 ***	2.3195 ***
	（0.0964）	（0.2053）	（0.1035）	（0.1185）	（0.2396）	（0.1159）
N	22899	23555	22899	12854	13059	12854
*r*2	0.1438	0.3220	0.1794	0.1268	0.2810	0.1610
year	YES	YES	YES	YES	YES	YES
industry	YES	YES	YES	YES	YES	YES

注：小括号内为标准误，*、**、*** 分别表示在 10%、5% 和 1% 水平上显著。

四、环境规制的中介效应检验

根据表 5-6 的回归结果，企业数字化对企业环境社会责任的承担存在显著负相关关系，且数字化对政府的环境规制在 1% 的水平下显著，系数为−0.0308，由于环境社会责任为反向指标，因此，企业数字化分别对环境社会责任和政府环境规制产生促进作用，表 5-6 中模型

（3）的回归结果表明，当加入了环境规制的中介效应时，企业数字化正向影响环境社会责任承担，系数为-0.0001，因此，环境规制在企业数字化和环境社会责任间的部分中介效应成立，企业数字化有利于政府对所管辖区内企业环境治理信息的监管和考察，在提升监管质量的同时能够促进政府对环境规制的实施和完善，以此规范企业的环境责任承担。

控制变量的回归结果中，企业的营业收入增长率、财务杠杆对企业环境社会责任承担产生显著的促进作用，资金充足的企业才能在满足正常经营及发展的基础上，有能力承担更多的环境责任。回归结果中，董事会规模和第一大股东持股比例对环境社会责任存在正向影响，符合我们的常规预期。

表5-6　回归结果

变量	（1）	（2）	（3）
	CER	ER	CER
DCG	-0.0001^{**}	-0.0308^{**}	-0.0001^{**}
	(0.0001)	(0.0135)	(0.0001)
ER			0.0002^{*}
			(0.0001)
Growth	-0.0004^{***}	-0.0387	-0.0004^{***}
	(0.0001)	(0.0295)	(0.0001)
LEV	-0.0010^{***}	0.0663	-0.0010^{***}
	(0.0003)	(0.0728)	(0.0003)
Age	0.0002^{**}	-0.0597^{***}	0.0002^{**}
	(0.0001)	(0.0217)	(0.0001)
Board	-0.0010^{**}	-0.1442^{*}	-0.0009^{**}
	(0.0004)	(0.0814)	(0.0004)

续表

变量	（1）	（2）	（3）
	CER	ER	CER
Indep	0.0001	0.7078 **	0.0000
	（0.0014）	（0.3107）	（0.0014）
*TOP*1	−0.0009 **	0.0515	−0.0009 **
	（0.0004）	（0.0974）	（0.0004）
Duality	0.0012 ***	−0.0179	0.0012 ***
	（0.0002）	（0.0336）	（0.0002）
OWNER	−0.0001	−0.2115 ***	−0.0001
	（0.0001）	（0.0336）	（0.0002）
_cons	0.0027 **	0.3733	0.0026 **
	（0.0011）	（0.2592）	（0.0011）
N	2160	2245	2160
r2	0.1837	0.2485	0.1852
year	YES	YES	YES
industry	YES	YES	YES

注：小括号内为标准误，*、**、***分别表示在10%、5%和1%水平上显著。

五、慈善捐赠的中介效应检验

本章检验了企业慈善捐赠在企业数字化和社会责任之间的中介效应，表5-7的结果表明，数字化转型能够推动企业履行社会责任、提高慈善捐赠水平，模型（3）在加入了慈善捐赠中介变量后，企业数字化转型和慈善捐赠对企业社会责任的影响都显著为正，且企业数字化转型的系数为0.0507，验证了慈善捐赠在数字化促进社会责任的过程中存在部分中介效应。数字化带来的信息透明化使企业的慈善动机能更直接被利益相关者了解，既避免了企业基于慈善捐赠的印象管理，又降低了利益相关者由于信息不对称造成对企业的误解。因此，企业会更倾向于通过慈善捐赠向利益相关者展现良好的正面形象，数字化带来的高速信息传递效率使慈善捐赠行为得到更清晰的解读和更完整的兑现，促进企业以"责任—绩效"的长效互动逻辑来承担捐赠社会责任。

控制变量的回归结果中，企业的营业收入增长率、董事会规模和产权性质对企业社会责任承担存在显著的正向影响，符合我们的常规预期。回归结果中，企业年龄和两职合一对企业社会责任承担水平存在显著负向影响，其原因在于，处于成熟期的企业已经形成了自身的口碑和品牌效应，并在市场中拥有了较强的竞争力，企业通过承担社会责任提升正面形象所能够提供的边际绩效较小；当企业的董事长和总经理为同一人时，企业的经营决策将更倾向于实现利润最大化的目标，会尽量减少不能直接给企业带来可预期收益的行为，降低社会责任承担所造成的资金消耗。

表 5-7　回归结果

变量	（1）	（2）	（3）
	lnCSR	donation	lnCSR
DCG	0.0527***	0.0115***	0.0507***
	（0.0037）	（0.0022）	（0.0037）
donation			0.1634***
			（0.0084）
Growth	0.2056***	−0.0127***	0.2079***
	（0.0106）	（0.0047）	（0.0106）
LEV	−0.5348***	−0.0947***	−0.5217***
	（0.0260）	（0.0136）	（0.0259）

续表

变量	（1）	（2）	（3）
	lnCSR	donation	lnCSR
Age	−0.0498***	0.0029	−0.0502***
	（0.0045）	（0.0033）	（0.0044）
Board	0.3153***	0.0915***	0.2999***
	（0.0257）	（0.0152）	（0.0255）
Indep	0.4702***	0.2539***	0.4282***
	（0.0897）	（0.0551）	（0.0891）
*TOP*1	0.5729***	0.0076	0.5729***
	（0.0271）	（0.0181）	（0.0270）
Duality	−0.0164*	−0.0017	−0.0163*
	（0.0087）	（0.0058）	（0.0086）
OWNER	0.0904***	−0.0513***	0.0991***
	（0.0106）	（0.0063）	（0.0106）
_cons	2.2562***	−0.1705***	2.2855***
	（0.0863）	（0.0550）	（0.0857）
N	28289	29136	28287
*r*2	0.1513	0.0379	0.1612
year	YES	YES	YES
industry	YES	YES	YES

注：小括号内为标准误，*、**、*** 分别表示在 10%、5% 和 1% 水平上显著。

本章小结

本章以我国 2010—2021 年沪深 A 股上市公司为研究样本，在考虑企业内外部经济环境的情况下，结合文本分析与回归分析法，实证检验了企业进行数字化转型对承担社会责任的影响。研究发现：（1）数字化转型构建了开放式、共享式的信息库，打破企业与外部利益相关者之间的信息壁垒，信息溢出促进各方利益相关者积极参与企业的价值共创，是企业数字化促进社会责任承担的主要原因。（2）从企业内部经济环境考虑，企业的盈余管理行为、内部控制信息透明度和技术创新在企业数字化转型和社会责任承担之间产生中介效应。企业通过数字化转型对内外部数据资源的高效整合与管理实现信息溢出，强化企业内部控制信息的透明度，弱化企业盈余管理倾向，拉近了企业与用户之间的距离通过反馈进行研发创新，提升创新效率和成果转化，使企业有更强的核心竞争力承担更多的社会责任。（3）从企业外部经济环境考虑，政府的环境规制和企业慈善捐赠行为在企业数字化转型和社会责任承担之间存在中介效应。数字技术的应用有利于政府对企业环境治理情况进行监管使其有效落实环境规制政策，承担环境责任；信息透明化帮助企业通过慈善捐赠向社会传递积极信号，促进企业以"责任—绩效"的长效互动逻辑来承担捐赠社会责任。

　　基于本研究，能够得到如下的理论启示与政策建议：第一，企业决策者应重视数字化转型为企业发展带来的契机，将数字技术应用到企业的各项运营管理过程，实现企业内部间信息的开放、实时与共享，加快数字化平台建设，努力实现数字化情境下企业内部治理模式创新，提升企业与内外部利益相关者的信息交互效率和产品生产效率，提高外部利益相关方参与企业治理的决策参与度和透明度，形成企业多方利益相关者的综合价值创造体系；第二，企业应充分利用企业数字化对社会责任的促进作用及内在中介传递机制，通过数字化形成的信息溢出能够带动企业内外部经济环境对承担社会责任提供条件支持和资本助力，实现企业自身长远发展和社会福利体系建设的双向共赢；第三，政府政策治理方面，需要制定相关政策推动企业完成数字化转型，通过数字化平台建设及数字技术应用带动全社会的经济发展，同时借助企业数字化体系建设实现对各企业信息的监督管理，维持市场经济的稳定性，促进企业与社会层面科技和经济的高质量发展。

第六章 环境社会责任、地方环保策略与企业财务绩效

——理论模型与重污染行业证据

　　本章将继续探索社会责任微观领域的另一个重要方面——环境社会责任。以我国沪深 A 股 2010—2021 年重污染行业上市公司为研究样本，实证检验了企业进行环境社会责任承担决策过程中的"责任—绩效"互动关系，并运用演化博弈理论构建系统动力学模型进行仿真分析，探寻在地方政府环境规则的影响下，重污染企业承担环境责任行为的演化特质及其与财务绩效的关系。研究发现：对于环境社会责任而言，企业的期望绩效顺差相较于落差更能促进责任与绩效的良性互动；对于环保策略相对消极的地区，环境社会责任可以更高效地实现声誉转化，并激发企业进行环境社会责任的投入热情；竞争更为激烈的行业和具有前瞻型环境战略的企业更倾向于将绩效反馈投入到环境社会责任的承担工作中。政府及监管部门应积极督促重污染企业落实环境责任承担，使企业能够充分意识到减排与增长可以兼得，在推动企业财务绩效与环境责任良性相促的同时，形成生态层面与企业社会层面的共赢。

　　进入 21 世纪以来，随着人民群众生活水平的不断提升，生态环境

问题备受关注，我国社会经济的发展首次面临减排与增长的双重约束。中国的环境污染问题与生态文明建设达到了前所未有的高度，相关建设意见现已纳入中国特色社会主义事业"五位一体"的总体布局中。企业作为市场经济的微观主体，是生态文明建设总体布局的重要落脚点，在充分认识生态文明建设重要性和紧迫性的同时，积极主动地开展环境保护、实施前瞻型环境战略、加大环保投入、开展绿色创新等环境社会责任行为是企业响应国家政策、落实环境战略的重要举措。然而，企业的核心目标是追求利润最大化并稳步提升企业价值，环境社会责任承担作为一种消耗性行为会增加企业的经营成本及未来发展的不确定性。那么，企业实施环境战略后是否能够得到稳定的财务绩效补偿？环境社会责任与企业财务绩效是否能够良性互动？环境社会责任承担对于企业而言到底是一种积极性"战略创新工具"，还是选择性"掩饰工具"？上述问题的解决直接关系到企业环境战略开展的主动性、实施成效及可持续性。本章将基于如下两方面的工作解决上述问题，一是实证检验环境社会责任承担的前因变量——财务绩效是否对企业承担环境社会责任有明确的促进作用，以及企业在承担环境社会责任的滞后经营周期中是否能够得到财务绩效反馈？另一方面，实证检验地方政府的环保策略与企业社会责任承担分别作为一种基于外部市场激励型和内部自主激励型的重要工具，能否在执行过程中发挥激励的协同效应？它们如何促进实现环境社会责任承担与企业财务绩效的良性互动？

本书的贡献主要体现在以下三个方面：第一，结合减排与增长双重约束的大背景，针对性地探索企业环境社会责任与期望绩效反馈的关系，在丰富社会责任相关情境研究的同时，进一步诠释企业社会责任研究中有关环境责任的作用特点；第二，通过考察企业环境责任与期望绩效反馈的交互跨期影响，进一步深化对两者关系的认识，力图获取"期望绩效反馈—环境社会责任—企业财务绩效—期望绩效反馈"企业内循环体系的理论支撑和经验证据，有助于推动实现环境责任与财务绩效之间相互促进的发展模式，提高监管部门环保政策的可落地性并提供相应政策制定的微观理论支持；第三，在以往对二者关系研究的基础上，进一步丰富调节机制的研究，本书考察了地方政府环保策略（环境保护态度、环境规制强度）、行业竞争度、企业前瞻型环境战略、产权性质在企业环境责任与财务绩效之间交互跨期影响中的调节作用，对企业内部管理者和外部监管者如何实现企业环境责任与财务绩效之间相互促进的发展模式具有一定的实践和政策启示意义。

第一节　环境社会责任影响企业
财务绩效的机制分析

企业的环境社会责任战略是指企业遵循政府规制要求或主动承担社会责任保护自然环境，以降低企业活动对自然环境不利影响的一种战略选择。近年来，诸多企业开始在经营过程中主动承担环境社会责任，并实现了财务绩效的正向反馈。其内在传导机制主要涉及如下方面：（1）环境责任的承担具有信号传递机制。企业与利益相关者存在信息不对称问题，企业承担环境社会责任是一种持续性利他行为，相较于慈善捐赠、提供就业岗位等社会责任活动，更能够体现企业承担社会责任的一致性，赢得各利益相关者的信赖和支持（周宏等，2018；李茜等，2022）。（2）环境责任的承担能够帮助企业获得合法性。企业承担环境社会责任是对政府环境规制的重要响应路径，也有利于在同业竞争中获得各利益相关者的认可和支持，成为企业的一种重要战略性资源，有助于企业提高交易效率、降低交易成本、获得竞争优势（Zimmerman 和 Zeitz，2002；Blackman，2012）。（3）企业承担环境责任是一个"练内功"的过程，是实现可持续发展战略的重要方式。通过在承担环境责任过程中对现有生产技艺的提升和设备的改良，有利于节约能源、变废为利（徐志伟和李蕊含，2019），降低企业的法律诉讼风险，提高品牌声誉，扩大生产销售，最终实现企业财务绩效的提升（李创，2016；Tian 等，2016；许照成和侯经川，2019）。

从责任对绩效产生影响的传导过程来看，企业环境责任对财务绩效的正向影响往往具有一定的滞后性。其原因涉及两方面：一方面是由于现实的市场并非完美市场，诸多非理性因素会使各利益相关者难以及时、完整地了解有关企业承担环境责任的相关信息（Kunieda 和 Nishimura，2019），信息在传递和识别的过程中需要一定的时间；另一方面，无论是绿色口碑和声誉的建立，还是绿色技术的开发和引进都需要经历一定的过程，花费一定的成本。因此，企业环境责任对财务绩效反馈的影响往往具有一定的滞后性。

财务绩效是反哺企业经营现金流的重要指标，良好的绩效获取能力意味着企业可预期的稳定现金流和较大的未来发展空间。财务绩效对社会责任承担的理论支撑主要来源于资金供给假说，良好的绩效获取能力是企业承担社会责任的财务基础，因此，企业必须有足够的资金实力，才能在满足自身正常经营及发展的基础上去承担社会责任（Lee 和 Bannon，1997）。很难想象，一个难以维持正常经营的企业会有能力去承担诸如支持行业创新发展、改善社区环境、提升职工福利、积极进行慈善捐赠等社会责任，更不用说资金消耗大、持续时间长以及可能存在技术溢出效应的环境社会责任。所以，从决策层面看，企业期望绩效的反馈水平作为前置动因对企业履行环境社会责任的行为将产生重要作用，也是管理者进行环境社会责任承担的重要决策参考。基于上述分析，本章提出如下假设：

H1a：环境社会责任能够促进企业财务绩效的提升。

H1b：良好的财务绩效能够正向影响企业的期望绩效反馈，进而促进企业的环境社会责任承担水平，上述影响可能存在滞后性，二者关系呈现跨期互促效应。

第二节　企业期望绩效反馈的影响机制分析

期望绩效反馈是影响企业战略决策的重要因素。企业在一个经营周期内，当其实际财务绩效低于期望绩效时会产生期望绩效的落差反馈，当实际财务绩效高于期望绩效时，我们在这里称之为期望绩效顺差反馈。过往研究对于期望绩效反馈与企业社会责任决策之间的结论比较复杂，对于二者关系的研究也存在不一致的结论。一类研究表明，面对绩效期望反馈存在落差时，企业决策者会表现出更高的风险承受能力，倾向于通过调整企业战略来响应绩效问题，比如增加企业在某些风险战略上的投入（Shinkle，2012）。另一类研究则认为，落差企业的行为会相对保守，为规避不确定的风险损失，倾向于削减企业的战略投入。威胁刚性假说也为这类现象提供了理论支持,绩效期望落差在这里可以解读为组织威胁,会引发决策者的心理压力和焦虑不安,企业在此时的经营行为会表现得相对保守(Staw 等,1981;贺小刚等,2017;Duanmu,2018)。

另一方面,当企业的期望绩效存在顺差时,说明企业的当期经营水平超过预期,往往也会表现出较高的社会责任承担水平。其原因在于,在资金供给假说的框架下,企业必须有足够的资金实力,才能在满足自身正常经营及发展的基础上去承担社会责任(Lee 和 Bannon,1997),良好的经营表现使企业本身具备了更强的承担社会责任的资金能力;更重要的是,业绩良好的企业往往会受到同业竞争者和政府监管者的关注,承受更大强度的舆论压力和社会监督。经验证据表明,很多头部企业由于在社会责任承担中的消极表现而冲上热搜,带来了企业估值的下降。如汶川地震时期的万科,因远低于同行业和公众预期的220万元捐款,导致其股票短期内遭到投资者抛售,股价在两个交易日内下跌近10%;新冠疫情时期的小米在首次捐赠仅30万元的医疗防护物资后,导致其捐赠行为在微信和知乎等社交平台被广泛质疑,为缓解负向舆论,小米追加捐款1000万元。基于上述分析,本章提出如下假设:

H2:当企业存在期望绩效落差时,会促进决策者的"破釜沉舟",表现为环境社会责任的承担处于较高水平,即期望绩效反馈与环境社会责任承担为负相关关系;同时,期望绩效落差对"责任—绩效"关系表现为正向的调节作用。

H3:当企业存在期望绩效的顺差时,决策者会因外部压力而主动承担社会责任,表现为环境社会责任的承担处于较高水平,即期望绩效反馈与环境社会责任承担为正相关关系；同时，期望绩效顺差对"责任—绩效"关系表现为正向的调节作用。

第三节　地方环保策略的调节机制

环境经济学的外部性理论认为，在环境治理方面，企业作为被动主体，需要政府制定环境政策，将经济约束或价值约束融入到企业的组织结构和经营活动中，改变企业从事某个行为（如环境违规或环境污染行为等）的动机和决策偏好，最终保持企业与外部制度的一致性，达到改善环境的目的。有学者将社会责任纳入制度理论框架进行研究发现，经济水平与企业社会责任行为均会受到政策的调节（John，2007）。环境政策会影响企业履行环境社会责任，也会影响企业对环境社会责任的投入（李彬等，2011）。对于传统社会责任缺失时的相关研究中，学者们发现，只有通过政府环境规制，才能使企业履行社会责任，达到减少资源浪费和降低环境污染的效果。

随着可持续发展理念的不断增强，消费市场、投资市场和政府部门也随之加强了对企业环境治理的监督和支持，政府更加积极的环保策略表现为对环保理念的不断推进和更高的地方环境规制水平，上述改变均有利于所在区域企业形成良好的环境保护主观能动性，从而使企业更大程度地将资源投入到环境社会责任的建设中，实现对地方政府环保政策的有力支持。政府与企业对于环保策略的双向互动也成为内部与外部两种激励工具，为承担环境社会责任的企业取得良好经济利益创造了可能。基于上述分析，本章提出如下假设：

H4：地方政府的环保策略对企业的"绩效—责任"关系表现为正向的调节作用。

另有研究表明，政府高强度的环境规制会增加企业的经营成本，进而对企业的技术创新产生抑制作用（Conrad 和 Wastle，1995；Greenstone 等，2012），同时，还可能给企业的生产决策增加了新的约束条件，导致管理、生产和销售环节难度加大，造成企业的全要素生产率下降（Christiansen 和 Haveman，1981；Gray 和 Shadbegian，1993）。因此，地方政府过高的环境保护要求会使部分企业疲于应对，在一定程度上弱化企业将更多资金投入到社会责任的承担中，尤其对于投资周期长、资金消耗大的环境社会责任，其对于技术创新的抑制作用也可能对环境社会责任的承担水平产生弱化作用。基于上述分析，本章提出如下假设：

H5：地方政府的环保策略对企业的"绩效—责任"关系表现为负向的调节作用。

在考察期望绩效反馈对环境社会责任承担的影响中，本章除了地方环保策略以外，还关注了行业竞争度、企业前瞻型环境战略、企业权属性质等在过往的社会责任相关情境研究中被广泛关注的调节变量。而在考察环境社会责任对财务绩效的影响中，我们将期望绩效反馈作为调节变量，同时关注企业权属性质对二者关系的影响，以深入挖掘"绩效—责任"和"责任—绩效"两条路径的内外部影响机制。

根据以上假设，提出如下影响机制图（见图6-1），并在后文分别予以验证。

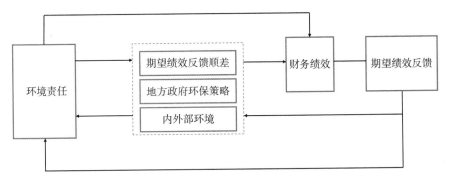

图 6-1　企业环境责任与财务绩效的互动影响机制

第四节　变量定义、数据来源与模型设定

一、变量定义

（一）期望绩效反馈（EPF）

过往学者在研究财务绩效时大多选择总资产净利润率或净资产年收益率作为代理指标。本书参考吴建祖（2020）的做法，采用更具可感知性的营业利润率作为企业财务绩效的代理变量。依据企业行为理论和绩效反馈理论，有限理性的决策者会预先设定"满意点"而非"最大化收益目标"，他们将实际绩效与期望目标的差距作为企业衡量自身绩效"好"与"坏"的重要指标，也是影响决策的关键因素。期望可以分为历史期望和行业期望，前者与企业以往绩效做对比，后者与同行绩效水平比较。期望绩效是基于企业以往历史绩效和行业期望绩效的线性

组合而设定的一个综合指标，计算公式如下：

$$A_{it-1} = (1 - \alpha_1)SA_{it-1} + \alpha_1 HA_{it-1} \qquad (6\text{-}1)$$

式 6-1 中，SA_{it-1} 为企业 i 在第 $t-1$ 年所在行业内除企业自身外其余所有企业实际绩效的平均值；HA_{it-1} 代表企业 i 第 $t-1$ 年的历史期望绩效，为企业第 $t-1$ 年的实际绩效衡量，α_1 表示权重。参考王菁等（2014）的研究，本研究汇报 α_1 等于 0.5 的回归结果。期望绩效反馈（P-A）大于 0 时即实际绩效大于期望绩效时，称为期望绩效顺差；期望绩效反馈（P-A）小于 0 时即实际绩效小于期望绩效时，称为期望绩效落差。

（二）环境社会责任（CER）

本章借鉴沈洪涛（2017）、张兆国等（2019）的做法，采用营业收入排污费率作为企业环境社会责任的代理指标。原因如下：第一，征收排污费意在提醒企业减少生态破坏，推动企业内部的技术升级及环境管理以实现排污的下降，这一过程也是积极承担环境社会责任的过程。第二，排污费的征收标准是按照各种类污染物的排放量划分，能够综合反映企业整体的排污情况，具有全面性和科学性。第三，排污费数据在各公司年报明细中均有披露，能够保证数据的可得性和整体样本的完整性。同时，该指标为反向指标，数值越小，说明企业单位营业收入需要缴纳的排污费越少，企业环境责任的承担水平越高。

（三）财务绩效（UnEBIT）

以往的研究中大多使用总资产收益率或净资产收益率作为财务绩效衡量指标，忽略了其中可能存在的"盈余管理噪声"，从而导致其财务指标偏离实际，影响结果的可靠性。为减少"盈余管理噪声"对回归结论的干扰，文章选择剔除盈余管理之后的总资产息税前利润率作为财务绩效指标的代理变量。具体步骤如下：首先，基于 Jones 式 6-2 估计正常的应计利润率；再通过实际的应计利润率减去正常应计利润率，求得操纵应计利润率 DA，见式 6-3；最后，通过总资产息税前利润率与操纵应计利润率做差，得到剔除盈余管理的总资产息税前利润率，如式 6-4 所示。

$$\frac{TA_{i,\,t}}{Assets_{i,\,t-1}} = \alpha_0 \frac{1}{Assets_{i,\,t-1}} + \beta_1 \frac{\Delta Sales_{i,\,t}}{Assets_{i,\,t-1}} + \beta_2 \frac{PPE_{i,\,t}}{Assets_{i,\,t-1}} \qquad (6-2)$$

$$DA = \frac{TA_{i,\,t}}{Assets_{i,\,t-1}} - (\hat{\alpha_0} \frac{1}{Assets_{i,\,t-1}} + \hat{\beta_1} \frac{\Delta Sales_{i,\,t}}{Assets_{i,\,t-1}} + \hat{\beta_2} \frac{PPE_{i,\,t}}{Assets_{i,\,t-1}})$$

$$(6-3)$$

$$UnEBIT_{i,\,t} = \frac{EBIT_{i,\,t}}{Assets_{i,\,t}} - DA \qquad (6-4)$$

（四）地方环保策略

本章从引导性和强制性两方面的指标来体现地方政府的环保策略，即地方政府对于所在辖区的环境保护态度以及政府环境规制水平。

1. 环保态度（EA）

近年来，通过计算机辅助文本分析法（CATA 法）来完成对大量非结构化文本的信息提取已成为众多学者测量政府、企业在环境战略及企业环境实践行为的重要文本量化手段。该方法可有效弥补问卷调查、访谈等方法中的主观性强、响应率低、不可复制等局限。本书参考王、鲁西、维珍和弗兰克（Wang、Ruxi、Wijen 和 Frank，2018）的研究，采用 CATA 法测量地方政府的环保政策。通过对各省地级市政府报告中环保词频的统计，衡量政府对辖区环境保护工作的态度，即企业所面临的政府环保引导策略。

2. 环境规制（ER）

借鉴叶琴等（2018）的做法，通过单位产值工业废水排放量、单位产值工业 SO_2 排放量以及单位产值工业烟尘排放量来计算环境规制强度综合指数 ER，ER 越大表示污染排放越多，环境规制强度越弱，该指标为反向指标。环境规制具体测算方法如下：

首先将各省份单位产值工业废水排放量、单位产值工业 SO_2 排放量以及单位产值工业烟尘排放量进行标准化，如式 6-5 所示：

$$UE_{ij}^s = [UE_{ij} - \min(UE_j)]/[\max(UE_j) - \min(UE_j)] \tag{6-5}$$

其中，UE_{ij} 为省份 i 的第 j 类污染物的单位产值排放量，UE_{ij}^s 为指标的标准化结果。$\max(UE_j)$ 表示所有省份中第 j 类污染物的单位产值排放量的最大值，$\min(UE_j)$ 表示所有省份中第 j 类污染物的单位产值排放量的最小值。

计算各类污染物权重：

$$W_j = UE/\overline{UE_{ij}} \tag{6-6}$$

UE_{ij} 表示各年度、各省份第 j 种污染物单位产值排放的平均水平。

省份 i 的环境规制综合指数为：

$$ER_i = \frac{1}{3} \sum_{j=1}^{3} W_j UE_{ij}^s \tag{6-7}$$

（五）行业竞争（Compete）

过往研究中大多选取主营业务利润率的标准差的倒数或同行业企业

数量作为行业竞争的代理指标，二者相比，主营业务利润率更能反映产品市场的垄断程度，因此本书采用企业主营业务利润率的标准差的倒数来衡量行业竞争程度。

（六）前瞻型环境战略（PES）

该指标数据的获取来源具有较高的一致性，过往研究均是通过考察企业是否进行了 ISO14001 环境管理体系认证来判断企业是否采取前瞻型环境战略，进行认证的企业，表示该企业采取了前瞻型环境战略，该变量取值为 1；否则，取值为 0。

各变量的定义及度量方式详见表 6-1。

表 6-1　变量定义

变量类型	变量名称	变量符号	变量度量
考察变量	期望绩效反馈	EPF	$P_{it} - A_{it}$
	环境社会责任	CER	排污费/营业收入
	财务绩效	$UnEBIT$	剔除盈余管理行为之后的息税前利润率
调节变量	产权性质	$OWNER$	国有或国有控股企业取 1，否则取 0
	环保态度	EA	各省地级市政府报告中的环保词频
	行业竞争	$Compete$	企业主营业务利润率的标准差的倒数
	环境规制	ER	环境规制综合指数
	前瞻型环境战略	PES	通过 ISO14001 认证取值为 1，否则为 0
控制变量	财务杠杆	LEV	负债总额/资产总额
	企业成长性	$Growth$	营业收入增长率
	股权集中度	$TOP10$	前十大股东持股比例
	董事会规模	$Aboard$	ln（董事会人数）
	独立董事占比	IBD	独立董事人数/董事总人数

续表

变量类型	变量名称	变量符号	变量度量
控制变量	两职合一	*Duality*	当企业董事长和总经理为同一人时，则为1，否则为0
	企业年龄	*Age*	企业成立年限加1的自然对数
	冗余资源	*Slack*	流动比率、资产负债率及费用收入比三者的平均值代表公司冗余资源的程度
	总资产收益率	*ROA*	净利润/平均资产总额
	企业规模	*Size*	年末总资产的自然对数
	总资产	*Assets*	资产总额

二、数据来源与变量的描述性统计

本章选取我国2010—2021年沪深A股类国家重点监控的重污染行业上市公司为研究样本，剔除存在数据缺失的上市公司，得到12年203家共计1271个观测值构成的非平衡面板数据。企业排污费数据通过企业年报中管理费用明细的手工整理获得，工业废水排放量、工业SO_2排放量、工业烟尘排放量等数据来自于《中国城市统计年鉴》，其他数据通过国泰安金融数据库以及企业年报直接或间接计算获取。为控制极端值对结论的影响，本书对所有连续变量在样本1%和99%分位数处进行了缩尾处理，此外，为消除变量间量纲差异带来的影响，本书还进行了标准化处理。各变量的描述性统计结果见表6-2。

表 6-2　变量的描述性统计

变量名称	均值	标准差	最小值	最大值
EPF	0.0151	0.2576	−3.6829	4.1075
UnEBIT	0.0803	0.4246	−1.6998	10.0887
CER	0.0018	0.0031	−0.0016	0.0360
OWNER	0.7214	0.4485	0	1
EA	0.0036	0.0008	0.0014	0.0063
ER	0.7639	0.6232	0	2.5853
Compete	12.2570	6.8972	0.1714	70.4886
Assets	1.9677e+10	3.6710e+10	2.1755e+08	2.9135e+11
ROA	0.0274	0.1175	−0.7652	2.6772
LEV	0.5596	0.2482	0.0156	4.1137
Growth	1.1163	21.2804	−0.9673	665.5401
IBD	0.3692	0.0526	0.2500	0.6000
Size	22.7824	1.3350	19.1979	26.3978
TOP10	54.7677	15.8418	15.1000	93.4100
Duality	0.1668	0.3729	0	1
Aboard	2.2063	0.2082	1.3863	2.8904
Slack	0.6871	0.8207	0.2789	23.0155
Age	2.8961	0.2638	1.6094	3.7377

三、模型设定

本章为检验"责任—绩效"之间的互动关系，基于里欧和夏尔马（Lioui 和 Sharma，2012）、张英奎等（2019）的研究，构建式 6-8 和式 6-9。其中，$UnEBIT$ 为企业财务绩效，CER 代表企业的环境社会责任，EPF 表示期望绩效反馈，$Controls_{i,t}$ 表示影响财务绩效和企业环境社会责任的控制变量集。具体模型如下：

$$UnEBIT_{i,t} = a_0 + a_1 \times CER_{i,t-1} + \sum_2^m a_m Controls_{i,t} + \mu_i + \nu_t + \varepsilon_{i,t}$$

$$(6-8)$$

$$CER_{i,t} = a_0 + a_1 \times EPF_{i,t-1} + \sum_2^m a_m Controls_{i,t} + \mu_i + \nu_t + \varepsilon_{i,t}$$

$$(6-9)$$

式中，下标 i，t 分别表示企业与时间，μ_i 为个体固定效应，ν_t 为时间固定效应。

第五节　实证研究结果分析

一、环境社会责任影响因素的分组检验与相关调节机制分析

从表6-3、6-4的回归结果中，可以获得考虑滞后一期的期望绩效反馈与环境社会责任的回归系数负向显著，环境社会责任为反向指标，所以企业良好的期望绩效反馈水平能够促进企业环境社会责任的承担，支持了假设 H1b。由于使用交叉项的调节机制检验较大程度地限制了对控制变量的考察，本章使用分组回归来实证分析二者之间可能存在的相关调节机制，同时，保留通过控制变量进一步细化考察环境社会责任相关影响因素的可能性。

本书基于样本中位数对期望绩效反馈、地方环保策略（环保态度、

环境规制）、行业竞争度进行分组，期望绩效反馈按照大于等于 0 和小于 0 分为期望绩效顺差和期望绩效落差两组。产权性质和企业环境战略采用 0—1 分组。回归结果显示，期望绩效顺差回归系数为负，考虑到环境社会责任为反向指标，说明期望绩效顺差能够对企业的环境社会责任承担起到促进作用，假设 H3 得到了验证，这与现有研究的结论有所差异。包括欣克尔（Shinkle，2012）、吴建祖和袁海春（2020）的研究认为，企业往往在面对绩效期望落差时，更倾向于通过调整企业发展战略来响应利益相关者对绩效的质疑，比如增加企业在某些风险战略上的投入。但其研究样本主要考察的是企业对社会责任承担总体水平的检验。本研究所讨论的是企业的环境社会责任，这与企业承担慈善捐赠责任、社会就业责任、信息披露责任等小额的、短期的、一次性投入有着本质的不同，环境社会责任是一项对企业资金消耗更大、时间更长的连续性投入，如在环保设备升级的技术投入过程中发生研发失败或成果转化失败，环保政策变化带来的监管标准突变等都会造成企业高昂的沉没成本。因此，对于企业环境社会责任的承担，期望绩效顺差带来的持续现金流是决定性的，决策者不会因为短期的经营低谷而出现非理性的"穷则思变"，良好的财务绩效获得能力及期望绩效的顺差是保证环境社会责任承担水平的重要条件。

在地方政府环保策略方面，环保态度和环境规制均呈现出了对"绩效—责任"关系的负向调节作用，假设 H5 得到了验证。具体而言，在环保策略更为积极的地区，辖区内的多数企业在环境社会责任的承担工作中，更大的意义在于响应政府号召和避免处罚，弱化了企业环境责任投入的边际贡献。而在环保策略相对消极的地区，主动承担环境社会责任将为企业带来立竿见影的效果，可以使企业迅速地在地方政府、投资者、监管部门以及其他社会群体中树立良好的形象，更高效地实现从责任到声誉的转化，使得企业更愿意在拥有较好财务绩效的情况下，积极地进行环境社会责任投入。

另外，回归结果中的行业竞争度对二者关系表现出了正向的调节作用。说明在竞争激烈的行业中，企业更有意愿通过社会责任的承担使自己走出群体，通过积极的环境社会责任投入获得利益相关者的认可。企业的前瞻型环境战略对二者关系为显著的正向调节作用，这与过往多数学者的研究结论一致，实施前瞻型环境战略的企业会更加主动地关注环境问题，采取环境保护措施，积极承担环境责任，更大程度地将财务资源用于环境保护（Aragon 和 Sharma，2003；张弛等，2020）。

此外，企业的产权性质对二者关系不具有调节作用。从控制变量的回归结果可见，企业的成长性对环境社会责任承担产生显著的正向影响，符合我们的常规预期和经济逻辑。

表 6-3　回归结果

变量	全样本回归	期望绩效反馈		环保态度		环境规制	
		期望绩效顺差	期望绩效落差	积极	消极	强	弱
	CER	*CER*	*CER*	*CER*	*CER*	*CER*	*CER*
EPF_{t-1}	−0.0478*	−0.1204**	−0.0539	−0.0068	−0.1619***	0.0030	−0.0635*
	(0.0267)	(0.0545)	(0.0373)	(0.0328)	(0.0416)	(0.0446)	(0.0368)
Growth	−0.9684**	0.3976	−0.9833**	−2.9490***	−0.5270	−1.3241	−0.8087
	(0.4348)	(1.2470)	(0.4179)	(1.1035)	(0.4038)	(1.0495)	(0.4946)
ROA	0.0032	0.0871	0.0072	−0.0517	0.0042	0.0272	0.0076
	(0.0190)	(0.0640)	(0.0190)	(0.0433)	(0.0197)	(0.0347)	(0.0245)
Aboard	−0.0165	−0.0130	−0.0504	0.0069	−0.0496	−0.0789	0.0351
	(0.0447)	(0.1021)	(0.0480)	(0.0582)	(0.0689)	(0.0683)	(0.0672)

续表

| 变量 | 全样本回归 | 期望绩效反馈 | | 环保态度 | | 环境规制 | |
| | | 期望绩效顺差 | 期望绩效落差 | 积极 | 消极 | 强 | 弱 |
	CER	*CER*	*CER*	*CER*	*CER*	*CER*	*CER*
Duality	−0.0178	0.2244	−0.0292	−0.0008	−0.1148	0.0182	−0.0730
	(0.0765)	(0.1864)	(0.0799)	(0.1131)	(0.1029)	(0.1168)	(0.1063)
Slack	0.0347*	0.2451**	0.0211	0.0205	0.2280*	0.4632***	0.0205
	(0.0209)	(0.1219)	(0.0186)	(0.0201)	(0.1199)	(0.1190)	(0.0218)
Age	−0.1463	−0.8379*	0.2117	−0.1313	−0.3714	−0.1805	0.0950
	(0.1701)	(0.4343)	(0.1746)	(0.2161)	(0.2614)	(0.2211)	(0.2895)
IBD	−0.0009	0.0923	−0.0299	−0.0189	−0.0204	−0.0153	−0.0140
	(0.0317)	(0.0835)	(0.0313)	(0.0391)	(0.0463)	(0.0482)	(0.0453)
_ *cons*	−0.0960	−0.5074	0.1137	−0.2088	−0.1595	−0.1846	0.1784
	(0.1415)	(0.3416)	(0.1503)	(0.2074)	(0.1890)	(0.2074)	(0.2181)
N	995	409	586	529	466	497	498
r2	0.0654	0.1252	0.1172	0.0833	0.1885	0.1386	0.0888
个体效应	YES	YES	YES	YES	YES	YES	YES
年份效应	YES	YES	YES	YES	YES	YES	YES

注：小括号内为标准误，*、**、*** 分别表示在10%、5%和1%水平上显著。

表6-4　企业内外部因素调节财务绩效影响企业环境责任的结果

| 变量 | 行业竞争 | | 环境战略 | | 产权性质 | |
| | 强 | 弱 | 前瞻型 | 非前瞻型 | 国有企业 | 非国有企业 |
	CER	*CER*	*CER*	*CER*	*CER*	*CER*
EPF_{t-1}	−0.0678**	−0.0783	−0.1633***	−0.0268	0.0143	−0.0688
	(0.0338)	(0.0543)	(0.0535)	(0.0363)	(0.0342)	(0.0517)
Growth	−4.1299***	−0.5193	−3.9267***	−0.7598	−0.9096**	0.2171
	(1.2255)	(0.5085)	(1.4806)	(0.4852)	(0.4233)	(1.3884)

续表

变量	行业竞争		环境战略		产权性质	
	强	弱	前瞻型	非前瞻型	国有企业	非国有企业
	CER	*CER*	*CER*	*CER*	*CER*	*CER*
ROA	0.0128	−0.0249	0.0795	0.0001	−0.0787**	0.0297
	(0.0206)	(0.0510)	(0.0751)	(0.0228)	(0.0381)	(0.0289)
Aboard	0.0143	−0.0131	0.0564	−0.0496	0.0128	−0.1110
	(0.0623)	(0.0829)	(0.0916)	(0.0595)	(0.0434)	(0.1431)
Duality	−0.0611	−0.0320	−0.0460	−0.0640	−0.0957	0.2834
	(0.1173)	(0.1269)	(0.1419)	(0.0975)	(0.0834)	(0.1737)
Slack	0.0231	0.0837	0.1924	0.0322	0.0192	0.4739***
	(0.0242)	(0.0533)	(0.2154)	(0.0223)	(0.0185)	(0.1641)
Age	−0.5067	0.1045	−0.5002	−0.0568	−0.1182	−0.2761
	(0.3107)	(0.2363)	(0.3891)	(0.2128)	(0.1767)	(0.4191)
IBD	0.0280	−0.0107	−0.0268	−0.0120	−0.0117	0.0271
	(0.0457)	(0.0522)	(0.0731)	(0.0395)	(0.0330)	(0.0857)
_ *cons*	−0.4883**	0.1184	−0.5004	−0.0398	−0.0612	−0.3402
	(0.2371)	(0.2098)	(0.3389)	(0.1737)	(0.1392)	(0.4054)
N	526	469	269	726	718	273
r2	0.0790	0.1049	0.1261	0.0825	0.0809	0.1314
个体效应	YES	YES	YES	YES	YES	YES
年份效应	YES	YES	YES	YES	YES	YES

注：小括号内为标准误，*、**、*** 分别表示在 10%、5% 和 1% 水平上显著。

二、企业环境社会责任对财务绩效的影响

表 6-5 报告了考虑滞后一期的企业环境社会责任承担对财务绩效的实证检验结果。回归结果显示，企业环境社会责任能够促进财务绩效

的提升，与过往研究结论取得一致，结合表 6-3、6-4 的实证结论，验证了本章提出的假设 H1a。同时，为进一步考察企业内外部因素对环境社会责任促进企业财务绩效的调节作用，本书将期望绩效反馈作为调节变量进行分组回归，集中考察期望绩效反馈对环境社会责任与企业财务绩效关系的影响。结果可见，在期望绩效顺差的组别中，滞后一期的环境社会责任获得了显著的回归结果，说明了企业的顺差绩效反馈能够有效地促进环境社会责任对财务绩效的正向影响，结合表 6-3、6-4 的实证结论，我们能够得出"期望绩效反馈—环境社会责任—财务绩效—期望绩效反馈"的良性互促体系是可实现的。除此之外，我们还考察了产权性质对"责任—绩效"关系的调节作用，结果显示，在非国有企业的组别中，该关系能够得到正向促进。其原因在于，非国有企业相较于国有企业更需要通过社会声誉的提升来获得融资渠道和发展机会，承担社会责任是其获得利益相关者正向评价并获取发展资源的重要手段，因此，非国有企业承担环境社会责任更能够在财务绩效的表现上获得提升。

在控制变量的回归结果中，企业的总资产收益率和财务杠杆对企业财务绩效表现为显著的促进效应，符合我们的常规预期。回归结果中，企业的股权集中度与财务绩效整体呈现显著正相关，其原因在于，股权集中度高的企业更能集中反映利益相关者的整体目标，有利于企业明确发展方向，落实发展战略，提升财务绩效。

表 6-5　回归结果

变量	全样本回归	期望绩效反馈		产权性质	
		期望绩效顺差	期望绩效落差	国有企业	非国有企业
	UnEBIT	*UnEBIT*	*UnEBIT*	*UnEBIT*	*UnEBIT*
CER_{t-1}	-0.0855*	-0.0822**	-0.0652	-0.0638	-0.0809*
	(0.0498)	(0.0327)	(0.1137)	(0.0727)	(0.0411)
LEV	0.0987*	0.0025	0.2305***	0.5906***	0.0591
	(0.0529)	(0.0663)	(0.0792)	(0.0873)	(0.0543)
Size	-0.8042***	0.0227	-1.5555***	-1.3611***	-0.4568***
	(0.1065)	(0.0856)	(0.1768)	(0.1392)	(0.1379)
*TOP*10	0.2237***	-0.1051**	0.5095***	0.3435***	0.1389**
	(0.0656)	(0.0492)	(0.1071)	(0.0845)	(0.0667)
ROA	0.1811***	0.1552***	0.2801***	0.8268***	0.0386**
	(0.0285)	(0.0316)	(0.0452)	(0.0719)	(0.0185)
Age	-0.1031	-0.1172	-0.1729	-0.3887	0.1515
	(0.2557)	(0.2163)	(0.4085)	(0.3149)	(0.2737)
Aboard	-0.0116	0.0955**	-0.0111	-0.0094	0.0614
	(0.0554)	(0.0402)	(0.0908)	(0.0647)	(0.0750)
Slack	-0.0246	-0.0219	0.0178	0.0198	-0.0219
	(0.0297)	(0.0491)	(0.0413)	(0.0317)	(0.0911)
Assets	0.2189**	0.1506	0.3389**	0.2797**	2.5154***
	(0.1105)	(0.1125)	(0.1680)	(0.1200)	(0.4507)
_ *cons*	-0.4146**	-0.3006*	-0.4985	-0.6004**	0.6072**
	(0.2093)	(0.1671)	(0.3484)	(0.2493)	(0.2803)
N	1054	433	621	762	288
*r*2	0.1472	0.3411	0.2648	0.3025	0.2381
个体效应	YES	YES	YES	YES	YES
年份效应	YES	YES	YES	YES	YES

注：小括号内为标准误，*、**、*** 分别表示在10%、5%和1%水平上显著。

第六节　稳健性检验

一、替换环境责任变量

为验证研究结论的稳健性，本章通过替换核心变量对基准回归模型重新进行了检验，结果见表6-6。借鉴单令彬等（2021）的做法，选取排污费除以总资产替换排污费除以营业收入作为衡量环境责任的指标，结果表明，企业的环境责任承担能够有效促进财务绩效的增长，良好的期望绩效反馈会进一步推动企业承担环境责任，实现了环境责任与财务绩效的良性互动，结论与前文研究保持一致。

二、替换财务绩效变量

本书选用总资产息税前利润率作为企业财务绩效的替换变量进行重新检验，结果如表6-6中模型（2）所示，验证了环境责任承担对企业财务绩效的正向影响，再次支持前文的研究结论。

三、改变期望绩效反馈的测量方法

本书参考陈伟宏等（2018）的研究，改变期望绩效反馈的计算方法，将 α_1 赋值改为 0.4 和 0.6 进行重新检验。检验结果稳健，如表

6-6 中的模型（3）所示。以上检验结果表明，本书的主要研究结论并未发生实质性变化，研究结论具有稳健性。

表 6-6　回归结果

(1) 替换环境责任变量				(2) 替换财务绩效变量		(3) 替换期望绩效反馈变量		
	cera		UnEBIT		EBIT1		CER (α_1=0.4)	CER (α_1=0.6)
EPF_{t-1}	-0.0582** (0.0254)	$cera_{t-1}$	-0.2130*** (0.0507)	CER_{t-1}	-0.0841** (0.0385)	epf_{t-1}	-0.0473* (0.0282)	
Growth	-1.1695*** (0.4137)	LEV	0.0732 (0.0529)	LEV	-0.3575*** (0.0401)	$epf1_{t-1}$		-0.0406* (0.0211)
ROA	0.0611*** (0.0181)	Size	-0.9035*** (0.1086)	Size	0.0234 (0.0813)	Growth	-0.9697** (0.4352)	-0.9271** (0.4332)
Aboard	0.0153 (0.0426)	TOP10	0.2144*** (0.0650)	TOP10	-0.0167 (0.0498)	ROA	0.0033 (0.0190)	0.0036 (0.0190)
Duality	0.0599 (0.0728)	ROA	0.1852*** (0.0283)	ROA	0.5646*** (0.0215)	Aboard	-0.0167 (0.0447)	-0.0154 (0.0447)
Slack	0.0122 (0.0199)	Age	-0.1593 (0.2537)	Age	0.0166 (0.1970)	Duality	-0.0183 (0.0765)	-0.0144 (0.0765)
Age	-0.0193 (0.1619)	Aboard	-0.0007 (0.0550)	Aboard	0.0772* (0.0425)	Slack	0.0348* (0.0209)	0.0345* (0.0209)
IBD	0.0086 (0.0302)	Slack	-0.0207 (0.0295)	Slack	-0.1090*** (0.0224)	Age	-0.1476 (0.1702)	-0.1441 (0.1701)
_cons	0.0578 (0.1346)	Assets	0.2576** (0.1100)	Assets	0.0185 (0.0931)	IBD	-0.0010 (0.0318)	-0.0007 (0.0317)
N	995	_cons	-0.4412** (0.2074)	_cons	0.1330 (0.1605)	_cons	-0.0973 (0.1415)	-0.0941 (0.1415)
r2	0.1017							
个体效应	YES	N	1054	N	1019	N	995	995
年份效应	YES	r2	0.1615	r2	0.5839	r2	0.0650	0.0660

续表

		（1）替换环境责任变量		（2）替换财务绩效变量		（3）替换期望绩效反馈变量		
		个体效应	YES	个体效应	YES	个体效应	YES	YES
		年份效应	YES	年份效应	YES	年份效应	YES	YES

注：小括号内为标准误，*、**、***分别表示在10%、5%和1%水平上显著。

第七节　基于演化博弈理论的机制研究

为进一步从理论机制角度分析企业承担环境社会责任与财务绩效之间的互动关系，本书基于演化博弈理论阐释了重污染企业承担环境责任的动因，以及如何实现通过环境责任承担促进企业财务绩效增长。企业是否承担环境责任的策略选择往往出于多方因素的考虑，包括地方政府的环境规制强度、公众对环境保护的关注度、利益相关者对企业承担环境责任的认可度，以及企业自身投入成本与预期收益的比较等，因此企业最初的策略选择并不是确定的，企业基于环境责任承担行为与各方之间的相互作用是一个博弈过程。

传统博弈论思想认为参与人是完全理性的，并且参与人是在完全信息下进行决策的。这在现实的经济环境中难以实现，市场中各方主体所面临的竞争环境和社会关系存在差异，导致各方最初掌握的信息必然是不对称的，信息通常转化成为一种资源帮助主体获得竞争优势，信息不完全以及人的有限理性客观存在。演化博弈理论以有限理性和学习能力摒弃了传统博弈要求完全理性的假设，有限理性不要求博弈方掌握完全信息，博弈方的信息是在每次博弈过程中逐渐积累的，通过不断试错和对较高收益策略的模仿学习重新作出策略选择，最终达到动态均衡。目前演化博弈分析较多用于分析社会行为演化和体制规范等形成原因和影响因素，在重污染企业环境保护的过往研究中，不少学者采用了演化博弈分析。

综合考虑，企业环境社会责任行为是一个多方主体演化博弈过程，本节旨在分析企业的环境责任承担策略，并且考虑到现实环境中公众对环境保护的关注度越来越高，利益相关者对企业承担环境责任的认可度也在逐渐升高，因此默认公众和利益相关者等支持环境保护的策略选择是确定的，没有将其纳入演化博弈的模型，构建了重污染企业与地方政府（以下简称"政府"）的演化博弈模型，试图探讨基于政府环境规制决策的影响下，企业承担环境责任的演化稳定策略及其对财务绩效的作用，进行二者的关系机制演化分析。

一、模型构建

（一）行为策略假设与参数定义

企业是否承担环境责任的策略选择，主要分为企业承担环境责任和不承担环境责任，从现实角度来看，企业不承担环境责任意味着企业更偏好经济绩效，不愿付出无法直接促进企业经济绩效增加的成本，因此可将企业决策分为偏好承担环境责任和偏好经济绩效两种，企业偏好环境责任的概率为 $x(0 \leqslant x \leqslant 1)$，偏好经济绩效的概率为 $1-x$，政府的策略选择为是否实行严格的环境规制，政府实行严格环境规制的概率为

$y(0 \leqslant y \leqslant 1)$，政府实行宽松环境规制的概率为 $1-y$。

设定当企业偏好承担环境责任时获取的收益为 $R1$，相应的成本为 $C1$，由于是正向的社会责任承担行为，政府会给予绿色补贴 B，当企业偏好经济绩效时能够获取的收益为 $R2$，成本为 $C2$，此时，企业因违反政府环境规制会受到罚款支出 F；政府实行严格环境规制时获取的收益为 $R3$，严格的环境规制成本为 $C3$，政府实行宽松的环境规制时，环境规制强度为 $k(0 \leqslant k < 1)$，政府在企业不承担环境责任时需要额外支出环境治理费用为 G。当政府实行严格的环境规制时，若企业积极承担环境责任，政府会因有效监管获得良好的声誉收益 $P3$，若企业不承担环境责任，企业也会因此遭受声誉损失 $P2$；当政府实行宽松的环境规制时，若企业不承担环境责任，政府因监管不力遭受声誉损失 $P4$，若企业积极承担环境责任，那么企业能够凭借良好的环境社会责任表现得到公众认可进而获得声誉收益 $P1$。演化博弈模型的决策树如图 6-2 所示。一般来说，正向影响所带来的声誉收益会小于负向影响造成的声誉损失，声誉的提升往往比声誉降低更难，因此从数值上考虑，$P1 < P2$，$P3 < P4$。

本书结合现实情况分析企业和政府面临的收益与成本，并充分考虑了两群体进行博弈时策略选择带来的声誉影响，过往研究中虽有考虑声誉的获得和损失，但大多只是就单一主体在特定策略下增加参数，与以往模型相比，本书对声誉的参数设置更加全面，与实际情景更贴切。

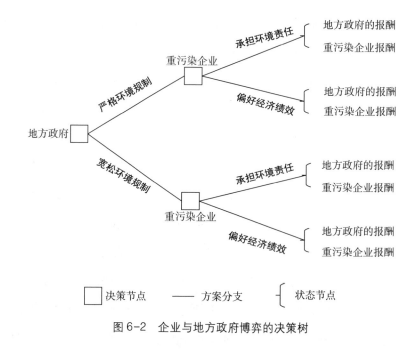

图6-2　企业与地方政府博弈的决策树

（二）构建重污染企业与地方政府的收益矩阵

表6-7　重污染企业与地方政府的收益矩阵

	政府实行严格的 环境规制（y）	政府实行宽松的 环境规制（$1-y$）
企业偏好环境责任 （x）	R1-C1+B	R1-C1+k×B+P1
	R3-C3-B+P3	R3-k×C3-k×B
企业偏好经济绩效 （$1-x$）	R2-C2-F-P2	R2-C2-k×F
	R4-C3+F-G	R4-k×C3+k×F-G-P4

（三）建立两方的复制动态方程

1. 企业期望收益函数构建

U_x 表示企业偏好承担环境责任的期望收益，U_{1-x} 表示企业偏好经济绩效的期望收益。

$$U_x = y(R1 - C1 + B) + (1 - y)(R1 - C1 + kB + P1)$$

$$U_{1-x} = y(R2 - C2 - F - P2) + (1 - y)(R2 - C2 - kF)$$

企业的平均期望收益 U_1 为:

$$U_1 = x U_x + (1 - x) U_{1-x}$$

$$F(x) = \frac{dx}{dt} = x(U_x - U_1) = x(1 - x)(U_x - U_{1-x})$$

$$= x(1 - x)(y((1 - k)(B + F) + P2 - P1) + R1 - R2 - C1 + C2 + kB + kF + P1)$$

$$F'(x) = \frac{dF(x)}{dx} = (1 - 2x)(y((1 - k)(B + F) + P2 - P1) + R1 - R2 - C1 + C2 + kB + kF + P1)$$

$F(x) = 0$ 时, $x = 0$、$x = 1$、$y = -\dfrac{R1 - R2 + C2 - C1 + kB + kF + P1}{(1 - k)(B + F) + P2 - P1}$ 为方程的解,当 $F(x) = 0$ 且 $F'(x) <= 0$ 时, x 为演化稳定策略 ESS。当 $y = -\dfrac{R1 - R2 + C2 - C1 + kB + kF + P1}{(1 - k)(B + F) + P2 - P1}$ 时,任意的 x 都处于稳定状态,即企业承担环境责任的任何决策都是稳定策略,当 $y \neq -\dfrac{R1 - R2 + C2 - C1 + kB + kF + P1}{(1 - k)(B + F) + P2 - P1}$ 时,只有 $x = 0$ 或 $x = 1$ 可以达到稳定均衡,针对 y 的不同情况进行讨论:

当 $-\dfrac{R1 - R2 + C2 - C1 + kB + kF + P1}{(1 - k)(B + F) + P2 - P1} < 0$ 时, $R1 - R2 + C2 - C1 + kB + kF + P1 > 0$, $y > -\dfrac{R1 - R2 + C2 - C1 + kB + kF + P1}{(1 - k)(B + F) + P2 - P1}$, $x = 0$ 和

$x = 1$ 是方程的两个解，可得 $F'(x)|_{x=0} > 0$，$F'(x)|_{x=1} < 0$，此时 $x = 1$ 是唯一的演化稳定策略 ESS，企业无论如何都会选择积极承担环境责任；

当 $0 < -\dfrac{R1 - R2 + C2 - C1 + kB + kF + P1}{(1-k)(B+F) + P2 - P1} < 1$ 时，即

$(1-k)(B+F) + P2 - P1 < R1 - R2 + C2 - C1 + kB + kF + P1 < 0$，若

$y > -\dfrac{R1 - R2 + C2 - C1 + kB + kF + P1}{(1-k)(B+F) + P2 - P1}$，可得 $F'(x)|_{x=0} > 0$，$F'(x)|_{x=1} <$

0，此时 $x = 1$ 是 ESS，若 $y < -\dfrac{R1 - R2 + C2 - C1 + kB + kF + P1}{(1-k)(B+F) + P2 - P1}$，可

得 $F'(x)|_{x=0} < 0$，$F'(x)|_{x=1} > 0$，此时 $x = 0$ 是 ESS；

当 $-\dfrac{R1 - R2 + C2 - C1 + kB + kF + P1}{(1-k)(B+F) + P2 - P1} > 1$ 时，$R1 - R2 + C2 -$

$C1 + kB + kF + P1 < (1-k)(B+F) + P2 - P1$，那么 $y < -$

$\dfrac{C2 - C1 + R1 - R2 + kB + kF}{(1-k)(B+F)}$，$F'(x)|_{x=0} < 0$，$F'(x)|_{x=1} > 0$，此时 $x = 0$

为 ESS。

重污染企业策略选择的动态演化路径如图 6-3 所示。

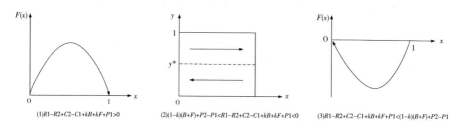

(1)R1−R2+C2−C1+kB+kF+P1>0   (2)(1−k)(B+F)+P2−P1<R1−R2+C2−C1+kB+kF+P1<0   (3)R1−R2+C2−C1+kB+kF+P1<(1−k)(B+F)+P2−P1

图 6-3　企业策略演化相位图（Visio 自绘）

2. 政府期望收益函数构建

U_y 表示政府实行严格环境规制的期望收益，U_{1-y} 为政府实行宽松环

境规制的期望收益。

$$U_y = x(R3 - C3 - B + P3) + (1 - x)(R4 - C3 + F - G)$$

$$U_{1-y} = x(R3 - kC3 - kB) + (1 - x)(R4 - kC3 + kF - G - P4)$$

政府的平均期望收益 U_2 为：

$$U_2 = y U_y + (1 - y) U_{1-y}$$

$$F(y) = \frac{dy}{dt} = y(U_y - U_2) = y(1 - y)(U_y - U_{1-y})$$

$$= \qquad y(1 - y)(x((B + F)(k - 1) + P3 - P4) \qquad +$$

$$(C3 - F)(k - 1) + P4$$

$$F'(y) = \frac{dF(y)}{dy} = (1 - 2y)(x((B + F)(k - 1) + P3 - P4) +$$

$$(C3 - F)(k - 1) + P4$$

$F'(y) = 0$ 时，$y = 0$、$y = 1$、$x = -\dfrac{(C3 - F)(k - 1) + P4}{(B + F)(k - 1) + P3 - P4}$ 为方

程的解，当 $F(y) = 0$，$F'(y) \leqslant 0$，y 为演化稳定策略 ESS。当 $x = -$

$\dfrac{(C3 - F)(k - 1) + P4}{(B + F)(k - 1) + P3 - P4}$ 时，任意的 y 都处于稳定状态，即政府无论

是否实行严格的环境规制都是稳定策略；当 $x \neq -$

$\dfrac{(C3 - F)(k - 1) + P4}{(B + F)(k - 1) + P3 - P4}$ 时，只有 $y = 0$ 或 $y = 1$ 可以达到稳定均衡，

针对 x 的不同情况进行讨论：

当 $-\dfrac{(C3 - F)(k - 1) + P4}{(B + F)(k - 1) + P3 - P4} < 0$ 时，$(C3 - F)(k - 1) + P4 > 0$，

$x > -\dfrac{(C3 - F)(k - 1) + P4}{(B + F)(k - 1) + P3 - P4}$，$y = 0$ 和 $y = 1$ 是方程的两个解，

$F'(y)|_{y=0} > 0$，$F'(y)|_{y=1} < 0$，此时 $y = 1$ 为稳定策略点 ESS，政府会选择

实行严格的环境规制,

当 $0 < -\dfrac{(C3 - F)(k - 1) + P4}{(B + F)(k - 1) + P3 - P4} < 1$ 时, $(B + F)(k - 1) +$

$P3 - P4 < (C3 - F)(k - 1) + P4 < 0$, $x > -\dfrac{(C3 - F)(k - 1) + P4}{(B + F)(k - 1) + P3 - P4}$ 时,

$F'(y)|_{y=0} > 0$, $F'(y)|_{y=1} < 0$, $y = 1$ 是稳定策略;若 $x < -$

$\dfrac{(C3 - F)(k - 1) + P4}{(B + F)(k - 1) + P3 - P4}$, 则 $F'(y)|_{y=0} < 0$, $F'(y)|_{y=1} > 0$, $y = 0$ 是

ESS,政府会实行宽松的环境规制。

当 $-\dfrac{(C3 - F)(k - 1) + P4}{(B + F)(k - 1) + P3 - P4} > 1$ 时, $(C3 - F)(k - 1) + P4 <$

$(B + F)(k - 1) + P3 - P4$, $x < -\dfrac{(C3 - F)(k - 1) + P4}{(B + F)(k - 1) + P3 - P4}$, $F'(y)|_{y=0} <$

0, $F'(y)|_{y=1} > 0$, 此时 $y = 0$ 是 ESS。

政府策略选择的动态演化路径如图 6-4 所示。

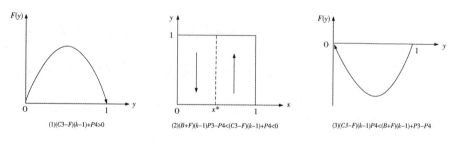

(1)(C3-F)(k-1)+P4>0　　(2)(B+F)(k-1)P3-P4<(C3-F)(k-1)+P4<0　　(3)(C3-F)(k-1)P4<(B+F)(k-1)+P3-P4

图 6-4　政府策略演化相位图（Visio 自绘）

由复制动态方程可知,当 $F(x) = \dfrac{dx}{dt} = 0$、$F(y) = \dfrac{dy}{dt} = 0$ 时,可得到 5

个局部均衡点 $(0, 0)$、$(0, 1)$、$(1, 0)$、$(1, 1)$、(x^*, y^*),其中:

$$x^* = (k - 1)(C3 - F) + P4/(B + F)(1 - k) - P3 + P4$$

$$y^* = -(C2 - C1 + P1 + R1 - R2 + kB + kF)/(B + F)(1 - k) - P1 + P2$$

二、系统局部均衡点稳定性分析

根据 Friedman 提出的分析方法，采用复制动态方程偏导数构建雅克比矩阵判断演化博弈系统均衡点的局部稳定性，若雅可比矩阵的行列式大于 0 且迹小于 0，则该复制动态方程存在演化稳定策略（ESS），该系统的雅可比矩阵为：

$$J = \begin{bmatrix} \dfrac{\partial F(x)}{\partial x} & \dfrac{\partial F(x)}{\partial y} \\ \dfrac{\partial F(y)}{\partial x} & \dfrac{\partial F(y)}{\partial y} \end{bmatrix}$$

可得雅可比矩阵 J 的行列式 $det(J)$ 和迹 $tr(J)$ 分别为：

$det(J) = |J|$

$= (2x - 1)(C2 - C1 + P1 + R1 - R2 + kB + kF + By + Fy - P1y + P2y - kBy - kFy)(2y - 1)(F - C3 + P4 + kC3 - kF - Bx - Fx + P3x - P4x + kBx + kFx) - x(1 - x)(B + F - P1 + P2 - kB - kF)y(y - 1)(B + F - P3 + P4 - kB - kF)$

$tr(J) = -(2x - 1)(C2 - C1 + P1 + R1 - R2 + kB + kF + By + Fy - P1y + P2y - kBy - kFy) - (2y - 1)(F - C3 + P4 + kC3 - kF - Bx - Fx + P3x - P4x + kBx + kFx)$

将 5 个局部均衡点分别代入 $det(J)$ 和 $tr(J)$ 的式子中，如表 6-8 所示。

表6-8 均衡点行列式和迹

局部均衡点	det （J）	tr （J）
（0, 0）	（C2 − C1 + R1 − R2 + kB + kF + P1）[（C3−F）（k−1）+P4]	C2 − C1 + R1 − R2 + kB + kF + P1 + [（C3−F）（k−1）+P4]
（0, 1）	− （C2 − C1 + R1 − R2 + B + F + P2）[（C3−F）（k−1）+P4]	C2 − C1 + R1 − R2 + B + F + P2 − [（C3−F）（k−1）+P4]
（1, 0）	− （C2 − C1 + R1 − R2 + kB + kF + P1）[（k−1）（C3+B）+P3]	− （C2 − C1 + R1 − R2 + kB + kF + P1）+ [（k−1）（C3+B）+P3]
（1, 1）	（C2 − C1 + R1 − R2 + B + F + P2）[（k−1）（C3+B）+P3]	− （C2 − C1 + R1 − R2 + B + F + P2）− [（k−1）（C3+B）+P3]
（x^*, y^*）	｛[（C3−F）（k−1）+P4] [（k−1）（C3+B）+P3] （C2−C1+P1+R1−R2+kB+kF）（C2−C1+R1−R2+B+F+P2）｝/ ｛[（B+F）（1−k）−P3+P4] [（B+F）（1−k）−P1+P2] ｝	0

根据参数设置分析表6-8中各表达式的经济含义，令 $\omega1 =$（$C2 - C1 + R1 - R2 + kB + kF + P1$），其经济含义是指政府实行宽松环境规制时，企业承担环境责任相对于偏好经济绩效的净收益；$\omega2 =$（$C2 - C1 + R1 - R2 + B + F + P2$）表示政府实行严格环境规制时，企业承担环境责任相对于偏好经济绩效的净收益；$\omega3 =$（（$C3 - F$）（$k - 1$）+ $P4$）表示企业偏好经济绩效时，政府选择实行严格的环境规制相对于实行宽松环境规制的净收益；$\omega4 =$（（$k - 1$）（$C3 + B$）+ $P3$）表示企业选择承担环境责任时，政府选择实行严格的环境规制相对于实行宽松环境规制之间的净收益。

当 $\omega1 =$（$C2 - C1 + R1 - R2 + kB + kF + P1$）$<0$, $\omega3 =$（（$C3 -$

$F)(k-1)+P4)<0$ 时，可以看出政府实行宽松环境规制时，企业承担环境责任获得的收益和声誉以及宽松制度下政府适当的补贴无法弥补企业投入的环境责任成本，企业会倾向于不承担环境责任选择偏好短期的经济绩效最大化；从政府角度，企业偏好经济绩效时，政府因实行严格环境规制付出的成本大于其避免造成的声誉损失，会选择实行宽松的环境规制，此时（0，0）为 ESS，即企业选择不承担环境责任、偏好经济绩效，政府选择实行宽松的环境规制。

当 $\omega2=(C2-C1+R1-R2+B+F+P2)<0$，$\omega3=((C3-F)(k-1)+P4)>0$ 时，在政府实行严格环境规制的情况下，企业承担环境责任获得的回报小于其投入的成本，企业会倾向于改变策略偏好短期的经济绩效最大化；从政府角度，当企业偏好经济绩效时，政府实行严格环境规制避免造成的声誉损失能够有效弥补付出的成本，政府将会选择实行严格的环境规制，此时（0，1）为 ESS，即企业选择不承担环境责任，政府选择实行严格的环境规制。

当 $\omega1=(C2-C1+R1-R2+kB+kF+P1)>0$，$\omega4=((k-1)(C3+B)+P3)<0$ 时，政府实行宽松环境规制的情况下，企业承担环境责任获得的回报能够弥补其投入的成本并获得利润，企业会倾向于承担环境责任；当企业承担环境责任时，政府因实行严格环境规制获得的声誉收益不足以弥补其多付出的环境规制和绿色补贴成本，而选择实行宽松的环境规制，此时（1，0）为 ESS，即企业选择承担环境责任，政府选择实行宽松的环境规制。

当 $\omega2=(C2-C1+R1-R2+B+F+P2)>0$，$\omega4=((k-1)(C3+B)+P3)>0$ 时，政府实行严格环境规制时，企业承担环境责任的决策不处于亏损状态，企业会倾向于承担环境责任；当企业承担环境责任时，政府因实行严格环境规制获得声誉的收益大于政府多付出的成本，选择实行严格的环境规制，此时（1，1）为 ESS，即企业选择承担环境责任，政府选择实行严格的环境规制。

在考虑了局部均衡点成为演化稳定策略的条件后，继续通过 x^* 与 y^* 的取值范围，判断在不同情形下各局部均衡点的稳定性。政府实行严格环境规制的目的就是积极鼓励企业承担环境社会责任，从短期来看，环境责任成本的投入并不能直接给企业带来经济效益，反而会拉低企业的财务绩效，政府考虑到企业可能出于这方面原因不去承担环境责任，因此通过给予适当的绿色补贴以鼓励企业承担，对不承担环境责任的企业施行相应的经济处罚，所以一般而言，当政府实行严格环境规制时，大多企业往往会面临承担环境责任的经济效益大于不承担时获得的经济效益，以及不承担可能造成的声誉损失，因而选择承担环境责任，政府也实现了严格监管的目的，可以判断出 $\omega 2 = C2 - C1 + R1 - R2 + B + F + P2 > 0$，排除 $y^* > 1$ 的情况，在此条件下，模型策略分析有如下 6 种情形，如表 6-9 所示。

表 6-9 不同情景各局部均衡点稳定性分析

情景		均衡点	$det(J)$ 符号	$tr(J)$ 符号	均衡结果	相位图
情景 1	$0<x^*<1$; $0<y^*<1$	(0, 0)	<0	不定	鞍点	图 6-5（a）
		(0, 1)	<0	不定	鞍点	
		(1, 0)	<0	不定	鞍点	
		(1, 1)	<0	不定	鞍点	
		(x^*, y^*)	>0	0	中心点	

续表

情景		均衡点	$det\ (J)$ 符号	$tr\ (J)$ 符号	均衡结果	相位图
情景2	$x^*>1$; $0<y^*<1$	$(0,\ 0)$	<0	不定	鞍点	图6-5（b）
		$(0,\ 1)$	<0	不定	鞍点	
		$(1,\ 0)$	>0	>0	不稳定	
		$(1,\ 1)$	>0	<0	ESS	
		$(x^*,\ y^*)$	<0	0	鞍点	
情景3	$x^*<0$; $0<y^*<1$	$(0,\ 0)$	>0	<0	ESS	图6-5（c）
		$(0,\ 1)$	>0	>0	不稳定	
		$(1,\ 0)$	<0	不定	鞍点	
		$(1,\ 1)$	<0	不定	鞍点	
		$(x^*,\ y^*)$	<0	0	鞍点	
情景4	$0<x^*<1$; $y^*<0$	$(0,\ 0)$	>0	>0	不稳定	图6-5（d）
		$(0,\ 1)$	<0	不定	鞍点	
		$(1,\ 0)$	>0	<0	ESS	
		$(1,\ 1)$	<0	不定	鞍点	
		$(x^*,\ y^*)$	>0	0	中心点	
情景5	$x^*>1$; $y^*<0$	$(0,\ 0)$	>0	>0	不稳定	图6-5（e）
		$(0,\ 1)$	<0	不定	鞍点	
		$(1,\ 0)$	<0	不定	鞍点	
		$(1,\ 1)$	>0	<0	ESS	
		$(x^*,\ y^*)$	>0	0	中心点	
情景6	$x^*<0$; $y^*<0$	$(0,\ 0)$	<0	不定	鞍点	图6-5（f）
		$(0,\ 1)$	>0	>0	不稳定	
		$(1,\ 0)$	>0	<0	ESS	
		$(1,\ 1)$	<0	不定	鞍点	
		$(x^*,\ y^*)$	>0	0	中心点	

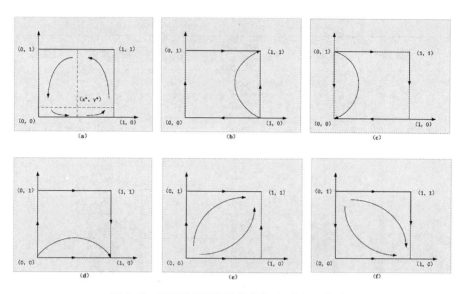

图 6-5　不同情景下的演化相位图（Visio 自绘）

三、基于系统动力学的仿真分析

为进一步验证演化稳定策略，本书将采用数值仿真来分析博弈系统的演化均衡状态。运用 Vensim PLE 软件对系统行为进行动态分析，构建重污染企业与地方政府的系统动力学模型，如图 6-6 所示。在进行仿真前对外部参数进行赋值，为保证仿真结果的科学性与准确性，本研究综合参考李存芳等（2022）、张倩等（2022）在研究时，对环境规制强度、成本、收益、声誉损失、绿色补贴等参数的设置，并结合研究的实际情况，对相关参数进行赋值，通过数值实验进行仿真分析，设置模型的初始条件为：Initial Time = 0，Final Time = 10，Time Step = 0.03125，Units for Time = Year。

本研究将参数取值如下：$R1 = 10$，$R2 = 8$，$R3 = 6$，$R4 = 5$，$C1 =$

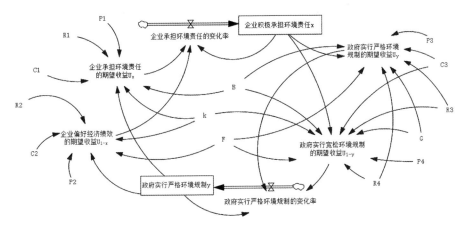

图6-6　重污染企业与地方政府演化博弈的系统动力学仿真模型

4.5，$C2 = 2$，$C3 = 4$，$B = 2$，$k = 0.2$，$G = 1.5$，$F = 2$，$P1 = 2$，$P2 = 3$，
$P3 = 2$，$P4 = 3$。首先分别对 x 和 y 进行不同的取值，得到企业与政府在
不同初始策略选择下的动态演化过程，可以看到在不同的策略下，演化
博弈最终都会稳定在（1，0）的状态，即企业积极承担环境责任，政
府实行宽松的环境规制。为方便进行进一步的仿真分析，本书设定企业
积极承担环境责任的概率 $x = 0.5$，政府实行严格环境规制的概率 $y =$
0.5，研究具体的演化路径，从图6-8可以看出，重污染企业逐渐演化
到1，政府策略逐渐演化到0，且政府演化到稳定策略的时点明显晚于
重污染企业，当重污染企业群体逐渐主动承担环境责任后，政府实行严
格环境规制的目的实现，政府因此可以逐渐放松监管力度，实行宽松的
环境规制。图6-9能够看出企业选择承担环境责任的期望收益呈现出
明显的增长趋势，但环境责任期望收益的增长不可能是无限的，在达到
最大化的期望收益后将维持在该水平。图6-10和图6-11分析了重污
染企业环境责任承担与企业财务绩效的关系，可以看到，当企业积极承

担环境责任时有助于提升企业财务绩效，并且财务绩效能够促进企业环境社会责任承担。

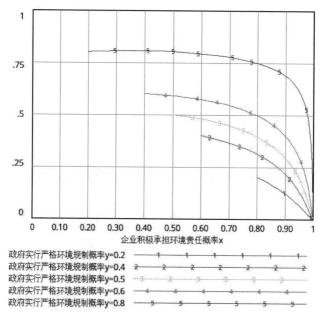

图6-7 企业与地方政府策略的动态演化过程

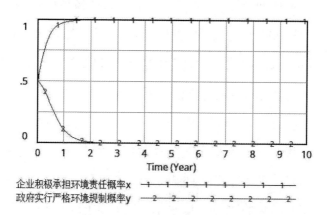

图6-8 企业与地方政府策略的动态演化过程

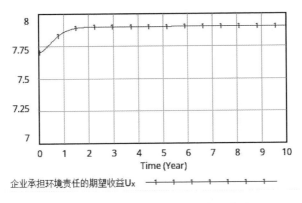

图6-9　企业承担环境责任的期望收益

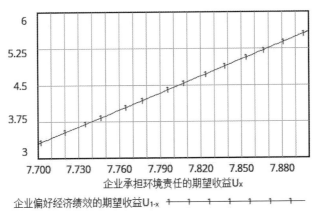

图6-10　重污染企业环境责任承担对财务绩效的影响

在当今提倡低碳环保的背景下，承担环境责任树立的正向形象能够给企业带来更多资源流入，有助于提升竞争力实现企业的经济目标，促进财务绩效增长，充足的资金支持也会促进企业进一步承担环境社会责任。上文验证了企业环境责任与财务绩效之间存在良性互促机制，但这种互促机制的运转需要借助政府"无形的手"实行严格监管来推动，政府利用绿色补贴政策和经济处罚引导企业承担环境责任，实现环境责

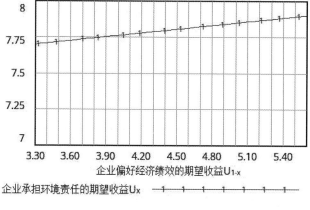

图 6-11 重污染企业财务绩效对环境责任承担的影响

任与企业经济的双向发展，企业在看到经济目标达成的有利一面后，由被动转为主动承担环境责任，与此同时，政府实现了严格环境规制的目的，逐渐改为实行宽松的环境规制政策，降低关于环境保护的投入成本。重污染企业与地方政府策略选择的演化路径最终会形成企业与社会环境的双赢局面。

本章小结

本书以我国沪深 A 股 2010—2021 年重污染行业上市公司为研究样本，运用双向固定效应模型，在考虑地方政府环保策略和期望绩效反馈的情况下，首先，实证检验了企业进行环境社会责任承担决策过程中的"责任—绩效"互动关系；其次，基于演化博弈理论构建了系统动力学模型进行仿真分析，探寻在地方政府环境规制的影响下，重污染企业承担环境责任的演化行为及其与财务绩效的关系。研究发现：（1）对于环境社会责任而言，企业的期望绩效顺差带来的稳定现金流是促进环境社会责任与财务绩效良性循环的重要保证，期望绩效落差在环境社会责任的承担中不足以激发决策者的冒险意愿。（2）地方政府的环保策略对"绩效—责任"关系具有负向调节作用。在环保策略相对消极的地区，环境社会责任可以更高效地实现声誉转化，促进企业进行环境社会责任的投入。（3）竞争更为激烈的行业和具有前瞻型环境战略的企业更倾向于将绩效反馈投入到环境社会责任的承担工作中；非国有企业承担环境社会责任更容易获得财务绩效的提升。（4）政府实行严格的环境规制并利用绿色补贴政策和经济处罚督促企业承担环境责任，是实现企业"责任—绩效"良性互促机制运转的重要推动力。

基于本研究，能够得到如下的理论启示与政策建议：第一，企业决策者应充分利用环境社会责任与财务绩效潜在的互动机制，通过积极承担环境社会责任来促进财务绩效的提升，带动企业长期平稳发展及社会公众利益增长；第二，在环保意识相对落后的地区，政府及监管部门应督促重污染企业落实环境责任承担，通过宣传引导，使企业能够充分意识到减排与增长可以兼得，促进更多的企业在保护生态环境的同时谋求自身发展；第三，鼓励重污染企业执行前瞻型环境战略，实现政府环保策略与企业环境战略的协同发展，推动企业财务绩效与环境责任相互促进的循环机制，形成生态层面与企业社会层面的共赢。

第七章　政府奖惩机制下环境社会责任的合作治理研究

在本研究的前述章节中，第三、四、五章所探讨的企业创新、慈善捐赠与信息披露等属于企业主观影响更大的微观责任，政府更多地是通过塑造良好的外部环境来引导，施加间接的影响，第六章研究的环境社会责任则更具社会属性，也是政府更有可能进行合作治理的一类社会责任，良好的机制设计和干预强度能够使企业更有效地参与到环境社会责任的承担中。

相较于第五章从企业的微观视角探讨环境社会责任的承担以及政企互动机制，本章将通过构建政府、企业、第三方监测机构参与的环境社会责任监管演化博弈模型，描述三方主体的最优策略选择过程，基于演化的均衡解及仿真分析来探讨环境社会责任合作治理过程中的稳定策略及政府长效机制。研究发现：政府的奖惩措施是敦促企业积极承担环境社会责任、第三方监测机构拒绝寻租的重要影响因素；政府监管部门通过环境规制初始阶段对第三方监测机构的精准惩罚和揭发奖励，以及对违规企业的有效惩罚，是实现三方主体策略稳定的关键手段；企业主动承担环境社会责任能够带来显著的声誉效应提升，降低其与第三方监测机构勾兑利益的可能性。因此，政府可以通过宣传、补贴等方式帮助责任承担企业充分利用媒体资源等获得社会声誉，通过不断加强信息化建设，降低对监管对象的信息获取成本，确保奖惩措施的精准落地并充分约束投机行为，使三方主体进入合作治理的良性循环框架。

2021 年中国生态环境部印发了《环境信息依法披露制度改革方案》及配套文件《企业环境信息依法披露管理办法》，该办法在 2021 年 11 月的部务会议通过后于 2022 年 2 月 8 日已正式实施。为适应环境保护与绿色转型的时代发展需求，环境社会责任不仅成为了评估企业综合社会价值的关键标准，也成为贯彻"双碳"战略、推动绿色发展的重要抓手，企业承担环境社会责任的相关问题得到了前所未有的关注，其承担的数量、质量将直接影响企业的印象管理、价值提升和可持续发展。

在生态文明建设过程中，部分企业在履行环境社会责任时往往"多言寡行"，它们通过环境信息的选择性披露来完成自身的印象管理，而对于环境社会责任的实践环节通常"得过且过"，这也大幅度影响了企业环境社会责任的承担质量，这种现象与中国"碳达峰""碳中和"目标存在显著的不协调，也背离了国家大力倡导的生态环境保护、绿色转型升级以及可持续发展的长期发展战略。环境社会责任的承担主体涉及企业、政府监管部门以及利益相关者三个主要方面，政府既是市场行为的监管方，也是市场利益的协调者，企业是造成环境污染的主体，其行为受到政府监管的影响，利益相关者在政企博弈的过程中，虽然没有职能性作用，但从经验证据来看，其行为对环境社会责任承担的引导与执行产生了深刻的影响。为了强化政府在环保规制方面的执行效果，中国在 2018 年以后开始大力推行自然资源资产的离任审计制度，把官员的环境绩效考核放到与经济绩效考核的同等地位，这一政策的推行使得很多执政者对于"环境公地"不再保持缄默态度，大量的环保辅助性单位及企业开始涌现。由于环境监管的成本较高，且整个监管过程存在较强的专业性、复杂性以及工作量的不确定性。政府通常以委托第三方监测机构的形式完成对相关企业的环境社会责任监督，通过监测机构出具的污染监测数据进行抽样监测，而这一监管方式中的弊端在于，当企业的环境战略与企业追求利益最大化的基本目标相背离时，便出现了大量的第三方监测机构与企业的利益勾兑现象。如 2021 年 3 月，重污染天气预警检查通报了唐山市的 4 家钢铁企业存在污染物超标排放，并有数据造假现象；2022 年，安徽省生态环境厅公布了 8 起第三方环境监测机构伪造数据案件等。上述事件均表明现有的监管体系仍存在纰漏，这类现象说明了在当前的制度环境下，企业仍然有条件在政府的环境治理中"浑水摸鱼"，而政府也难以实现有效的监管效果。这是政府环境规制领域面临的一个基本问题，也是政府引导企业承担环境社会责任，提升环境社会责任承担质量过程中所必须要解决的重要问题。本研究试图通过构建政府、企业、第三方监测机构参与的环境社会责任监管演化博弈模型，在讨论三方主体稳定策略的同时，得出相关监管部门的长效规制建议，在丰富环境社会责任相关情境研究的同时，为政企合作治理的相关理论体系提供边际贡献。

第一节　环境社会责任合作治理的相关研究

一、环境社会责任治理的发展现状

生态环境问题一直是人类社会面临的最重要问题之一，其解决与治理不可能由任何一种社会力量单向的权力过程来实现，种种现状表明，环境治理较好的国家或地区都是在决策实践过程中强调了多元力量的共同参与。监管者、企业、公众、媒体之间的良性互动与有效整合是实现环境治理的必然途径。

美国联邦最高法院大法官路易斯·布兰迪斯曾说过，"阳光是最好的防腐剂"。信息透明在环境治理中有着不可替代的作用，政府监管、企业自律和社会监督都离不开环境信息的充分公开。提高环境信息透明度，促进政府、企业与公众的对话是实现良好环境社会责任治理的社会基础。环境政策的有效供给是政府合作治理的另一个重要手段。环境政策主要可以分为命令控制型和经济激励型。从我国环境政策的演变过程来看，我国的环境政策手段以命令控制型为主，主要依赖政府的规制手段自上而下推动。命令控制型政策通常采用强制关停和禁止排放等做法，能起到立竿见影的效果，但存在着效率低下、激励不足和管制成本高等局限，不利于建立环境保护的长效机制，往往是减排目标的考核过去了，污染物排放就会反弹。除了政府的层面以外，从企业的面向看，积极主动创新，实现经济发展与环境保护的共赢无疑是环境问题的最优均衡解。进入 21 世纪以来，我国的发展模式将从低成本的要素投入、高生态环境代价的粗放模式向创新发展和绿色发展双轮驱动模式转变，包括传统产业的技术改造与新兴产业的崛起。传统产业方面，在严格的生态红线、环评准入制度、污染物排放标准以及消费者对绿色产品的追求之下，企业通过淘汰落后产能、更新设备、提升技术、提高效率等方式来实现传统产业的转型升级。在经济增长与环境保护的双重约束下，企业只有加大环保投入，提高治污水平，才有可能获得生存和发展空间。新兴产业方面，生态文明建设在推动传统制造业改造升级的同时，也创造出新的经济增长点。创新节能、节电、节水、治污的技术，清洁生产的技术，提高生产效率的技术，节能环保产品的开发，新能源和可再生资源的利用等，都蕴藏着巨大的商机和广阔的国际、国内市场。环境保护政策的推行能够引导我国这些新兴环保产业、节能产业、资源综合利用产业和新能源产业及其技术的发展，开辟出新的经济增长点。

二、环境社会责任治理中的政企互动关系研究

过往研究中，多数学者从企业和政府的角度关注了二者在政府环境规制、企业环保策略以及环境社会责任承担的互动关系。良好的制度是协调二者关系以及提升治理效果的重要手段。政府的制度压力能够显著促进企业环境社会责任承担水平的提升，因此，政府应该在不同类型环境规制的组合设计中，为企业绿色技术创新提供针对性的政策支持，从总体上打造更有利于企业承担环境社会责任的制度环境（苏芳等，2022）。对于企业而言，在加强自身环境责任意识培养和提升的同时，应充分发挥环境责任对绿色技术创新的内在调节动力，响应政府政策（梁敏等，2021）。在具体的政策工具方面，胡俊南和徐海婷（2021）发现在企业每年污染物减排量的阈值范围内，增强环保税的征收力度和税收优惠可以有效激励企业履行环境社会责任，企业的环境社会责任评分越高，帮助政府完成的环境治理任务越多，便能够获得更多的政府补助，形成良性的互动与互促（王薇，2020）。一些学者发现，企业在承担了更多的环保责任后，能够显著减轻自身的税负水平，因此，税负水平越高的企业，落实环境责任的减税效应越明显（刘畅和张景华，2020）。而在具体的环境社会责任实践中，李哲等（2022）研究发现

"多言寡行"的环境责任承担行为只能在短期内帮助企业获得政府补贴，政府有能力在长期的互动中识破企业的"多言寡行"，消除企业在资源获取中的投机行为。且在更高一级别的监管中，中央环保督察也能够显著抑制企业的"多言寡行"与政府补贴的正相关关系。另外，环境社会责任实践具有同群效应，身处行业竞争激烈的企业往往具有更高的环境责任履行水平（吴昊旻和张可欣，2021）。鉴于社会责任总体上存在正向空间互动效应，模范企业在责任履行的带头作用能够带动同群竞争企业更多地履行环境社会责任（潘孝珍，2019）。与此同时，企业的环境信息披露决策往往也会相互影响，存在显著的同群效应（吴蝶和朱淑珍，2021）。

三、政府监管行为的相关研究

在政府监管行为的相关研究中，卡德曼和蒂姆（Cadman 和 Tim，2012）、宋之杰等（2014）认为政府职能部门的单一监管在执行过程中很难保证长期的监管效率和监管力量，久而久之，形成了监管权责不明等问题。在很多具体的监管实践中，由于政府所面临的监管企业数目多、专业性强、范围广，而自身的监管资源有限等种种不利条件，导致单一主体的治理模式效果很不理想（Debbiehaski 等，2010；王殿华和苏毅清，2013；于涛和刘长玉，2014）。因此，具有辅助监管职能的第三方监测机构的引入成为了改善监管效果、降低监管成本的重要途径。大量学者的研究发现，第三方监测机构的引入有利于促进产品的整体生产质量监管水平（Deaton 等，2005）、食品安全的监管水平（张国兴等，2015）、农产品质量安全的监管水平（朱立龙和郭鹏飞，2017）以及药品安全质量的监管水平（朱立龙等，2020）。政府监管部门和第三方监测机构作为监管过程中的两个重要主体，其对监管效果的影响及作用机制被大量学者广泛研究并取得了一致性结论（于涛等，2016；郑君君等，2021；徐盈艳，2022）。

基于上述，我们认为政府的机制设计和阶段性的政策供给对于企业环境社会责任履行的引导具有重要作用，综合企业和第三方监测机构的利益，具体的奖罚措施也将决定政策的监管效率及落地效果。同时，企业在环境社会责任实践与信息披露存在显著的同群效应使我们有理由相信，同群竞争中模范企业的带头作用和关键时点的精准政策供给能够低成本地构建政府、企业及第三方监测机构三方主体间的环境社会责任共治体系。

第二节　理论模型假设

市场经济倡导政府简政放权，但对于环保领域的监管而言，单方面依靠企业自律无法有效实现其自主履行环境社会责任，种种现状表明，企业的逐利目标诱发了大量的数据造假及排放超标事件。鉴于环保监管的复杂性和专业性，第三方监测机构的引入成为了衔接政府监管与企业环境治理的重要路径，依据第三方监测机构的出具数据来引导企业实现有效承担环境社会责任成为了地方政府在环境治理的重要手段。在这样的监管框架下，企业可以选择遵纪守法，控制污染物排放达标，主动承担环境社会责任；或者因环境责任承担的代价过于沉重，铤而走险地与第三方监测机构进行基于利益的合谋，通过造假监测数据，在避免惩罚

的同时，规避掉环境社会责任的承担；政府也会对第三方监测机构的行
为进行监督，给予奖励或惩罚，在降低政府监管部门工作难度及强度的
同时，形成三方主体的环境社会责任合作治理模式。三方主体行为之间
的联系如图 7-1 所示。

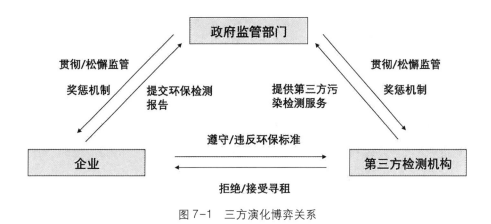

图 7-1　三方演化博弈关系

对于政府监管部门、企业与第三方监测机构形成的三方演化博弈关
系，我们作出如下的描述与假设：

H1：博弈主体假设。环保监管背景下的行为主体涉及政府监管部
门、企业和第三方监测公司，他们均为完全理性，策略选择随着时间的
演化稳定于最优策略。

H2：决策空间及选择概率假设。政府监管部门的策略空间 α =
（$\alpha1, \alpha2$）=（贯彻监管，松懈监管），概率为（$x, 1 - x$）。企业的策
略空间 β =（$\beta1, \beta2$）=（承担环境责任，规避环境责任），概率为
（$y, 1 - y$）。第三方监测设备公司的策略空间 γ =（$\gamma1, \gamma2$）=（接受
寻租，拒绝寻租），概率为（$z, 1 - z$）。

H3：政府行为假设。政府严格依据环境保护法律法规，明确污染

类企业排放的质量标准，规定事故处置、修复生态等方式约束企业保护环境，并依法对企业不合规排放"三废"、第三方监测机构造假数据进行惩罚。贯彻监管时，政府加大环境保护的投资，加强对第三方监测机构出具数据的真实度审查，加强对企业污染物排放的监管力度，所需的成本为 a；松懈监管时，政府环境保护所需成本为 b；政府对不履行环境社会责任的企业罚款为 c；政府监管部门对接受寻租的第三方监测机构罚款为 d；当企业严格履行环境社会责任，积极履行环境社会责任时，给予奖励 e；当企业不履行环境社会责任，而第三方监测机构拒绝寻租时，政府给予第三方监测机构的奖励为 f；因为政府松懈监管而发生企业不履行环境社会责任或者出现第三方监测机构寻租的情况时，中央政府会对地方政府进行惩罚 g（$g > a > b$）；企业履行环境社会责任，主动承担环境社会责任，对当地环境和居民健康等带来积极影响时，地方政府可获得的社会效益为 h；在企业与第三方监测机构合谋而发生破坏环境的事件后，政府对环境污染进行整顿的成本为 i。当第三方监测机构拒绝与试图不履行环境社会责任的企业合谋时，无论政府监管力度如何，都会对企业进行罚款，对第三方监测机构进行奖励；当政府松懈监管时的其他情况，不会对企业和第三方监测机构进行奖励和惩罚。

H4：企业行为假设。企业日常经营所获得的收益为 j；企业履行环境社会责任，主动履行环境社会责任时，需要进行技术创新、增加人力资本支出以及实现设备的升级等，上述成本为 k；企业不履行环境社会责任时，只需要进行少量的生产环保支出，也可能是与第三方监测机构商议好的某一固定支出数量，该成本为 l（$c > k-l$）；当企业违反环境社会责任时，为逃避惩罚而与第三方监测机构完成合谋的交易成本为 m；

因为不符合标准，企业进行虚假宣传等投机行为的成本为 n ；企业主动承担环境社会责任时，可以积累声誉资本，获得税收优惠等收益为 o 。

H5：第三方监测机构行为假设。第三方监测机构正常监测所获得的收益为 p ；如果企业不履行环境社会责任，第三方监测机构拒绝寻租而获得知名度提升等效益为 q ；第三方监测机构接受寻租，帮助企业伪造数据等投机成本为 r 。

根据假设的三方决策空间和相应概率，得出 8 种状态下的损益值，见表 7-1。

表 7-1 三方损益表

博弈状态	对应概率	政府、企业、 第三方监测机构策略损益
（贯彻监管，履行环境社会责任，拒绝寻租）	(x, y, z)	$(h-a-e,\ j+e-k+o,\ p)$
（贯彻监管，履行环境社会责任，接受寻租）	$(x, y, 1-z)$	$(h+d-a-e,\ j+e-k+o-m,\ p-d-r+m)$
（贯彻监管，规避环境社会责任，拒绝寻租）	$(x, 1-y, z)$	$(c-a-f-i,\ j-c-l-n,\ p+q+f)$
（贯彻监管，规避环境社会责任，接受寻租）	$(x, 1-y, 1-z)$	$(c+d-a-i,\ j-c-l-n-m,\ p+m-d-r)$
（松懈监管，履行环境社会责任，拒绝寻租）	$(1-x, y, z)$	$(h-b,\ j-k+o,\ p)$
（松懈监管，履行环境社会责任，接受寻租）	$(1-x, y, 1-z)$	$(h-b-g,\ j-k+o,\ p-r)$
（松懈监管，规避环境社会责任，拒绝寻租）	$(1-x, 1-y, z)$	$(c-f-b-i-g,\ j-c-l-n,\ p+q+f)$
（松懈监管，规避环境社会责任，接受寻租）	$(1-x, 1-y, 1-z)$	$(-b-i-g,\ j-l-n-m,\ p+m-r)$

第三节　三方动态博弈模型分析

一、政府演化策略的稳定性分析

政府贯彻监管的期望收益为 U_{11}，政府松懈监管的期望收益为 U_{12}，以及政府的平均期望收益为 U_1：

$$U_{11} = yz(h - a - e) + y(1 - z)(h + d - a - e) +$$
$$(1 - y)z(c - a - f - i) + (1 - y)(1 - z)(c + d - a - i)$$

$$U_{12} = yz(h - b) + y(1 - z)(h - b - g) +$$
$$(1 - y)z(c - f - b - i - g) + (1 - y)(1 - z)(-b - i - g)$$

$$U_1 = x U_{11} + (1 - x) U_{12}$$

根据马尔萨斯方程，可以得到政府的动态复制方程：

$$F(x) = \frac{dx}{dt} = x(1 - x)(U_{11} - U_{12})$$

$$F(x) = x(1 - x)[(c - g)yz - (c + e)y - (c + d)z +$$
$$(b + g + c + d - a)]$$

根据微分方程稳定性定理，要实现政府最优稳定状态，需要满足条件：$F(x) = 0, \dfrac{\partial F(x)}{\partial x} < 0$。

$$\frac{\partial F(x)}{\partial x} = (1 - 2x)[(c - g)yz - (c + e)y - (c + d)z + (b + g + c + d - a)$$

由 $F(x) = 0$ 可得，$x = 0$ 或 $x = 1$ 或 $z =$ $\dfrac{(b + g + c + d - a) - (c + e) y}{c + d - (c - g) y}$。令 $G(y) = (c - g) yz - (c + e) y -$ $(c + d) z + (b + g + c + d - a)$，$G(y) = 0$ 时，$y = y^*$，$\dfrac{\partial F(x)}{\partial x} \equiv 0$，无论政府策略如何，都处于稳定状态，不会随着时间的变化而改变。当 $x = 0$ 时，满足稳定条件的 $G(y) < 0$，即 $y > y^*$，政府选择"松懈监管"是稳定演化策略。当 $x = 1$ 时，满足稳定条件的 $G(y) > 0$，即 $y < y^*$，政府选择"贯彻监管"是稳定演化策略。说明政府的策略演变受到企业和第三方监测机构策略的影响，同时，如果监管所需投入的成本过高，会使得政府更加倾向于选择"松懈监管"。中央对地方政府因监管疏漏造成环境污染的处罚 g，会增大政府选择"贯彻监管"的概率。政府对企业违反环境社会责任和第三方监测机构寻租的罚款额越高，越能促进政府贯彻监管。对企业主动承担环境社会责任的奖励金额越高，政府更倾向于选择"松懈监管"。政府策略演化相位图如图 7-2（a）所示，在演化过程中，政府监管部门贯彻监管的概率随着企业履行环境社会责任的概率和第三方监测机构拒绝寻租的概率增加而下降。

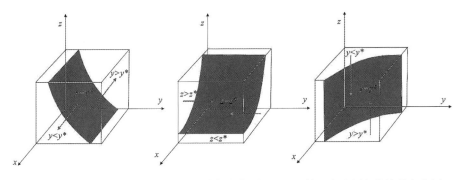

　　a 政府演化相位图　　b 企业演化相位图　　c 第三方监测机构演化相位图

图 7-2　政府、企业、第三方监测机构演化相位图

二、企业演化策略的稳定性分析

企业履行环境社会责任时的期望收益为 U_{21}，企业不履行环境社会责任时的期望收益为 U_{22}，企业的平均期望收益为 U_2：

$$U_{21} = xz(j + e - k + o) + x(1 - z)(j + e - k + o - m) + (1 - x)z(j - k + o) + (1 - x)(1 - z)(j - k + o)$$

$$U_{22} = xz(j - c - l - n) + x(1 - z)(j - c - l - n - m) + (1 - x)z(j - c - l - n) + (1 - x)(1 - z)(j - l - n - m)$$

$$U_2 = y U_{21} + (1 - y) U_{22}$$

得到企业的动态复制方程：

$$F(y) = \frac{dy}{dt} = y(1 - y)(U_{21} - U_{22})$$

$$F(y) = y(1 - y)\left[(m - c)xz + (c + e - m)x + (c - m)z + (l + n + m - k + o)\right]$$

要实现企业最优稳定状态，需要满足条件：$F(y) = 0, \dfrac{\partial F(y)}{\partial y} < 0$。

$$\frac{\partial F(y)}{\partial y} = (1 - 2y)\left[(m - c)xz + (c + e - m)x + (c - m)z + (l + n + m - k + o)\right]$$

由 $F(y) = 0$ 可得，$y = 0$ 或 $y = 1$ 或 $z = \dfrac{(l + n + m - k + o) + (c + e - m)x}{m - c + (c - m)x}$。令 $G(z) = (m - c)xz + (c + e - m)x + (c - m)z + (l + n + m - k + o)$，$G(z) = 0$ 时，$z = z^*$，

$\dfrac{\partial F(y)}{\partial y} \equiv 0$，无论企业策略如何，都处于稳定状态，不会随着时间的变化而改变。如图 7-2（b）所示，当 $y = 0$ 时，满足稳定条件的 $G(z) < 0$，即 $z < z^*$，企业选择"不履行环境社会责任，规避环境社会责任"是稳定演化策略。当 $y = 1$ 时，满足稳定条件的 $G(z) > 0$，即 $z > z^*$，企业选择"履行环境社会责任"是稳定演化策略。企业履行环境社会责任的概率与政府对企业履行环境社会责任的奖励、寻租成本、违反环境社会责任进行虚假宣传等投机成本、保护环境所获得的声誉资本等收益正相关，与控制污染物排放的成本负相关。演化过程中，企业履行环境社会责任的概率随着政府贯彻监管的概率和第三方监测机构拒绝寻租的概率增大而上升。

三、第三方监测机构演化策略的稳定性分析

第三方监测机构拒绝寻租时的期望收益为 U_{31}，第三方监测机构接受寻租的期望收益为 U_{32}，第三方监测机构的平均期望收益为 U_3：

$U_{31} = xyp + x(1 - y)(p + q + f) + (1 - x)yp + (1 - x)(1 - y)(p + q + f)$

$U_{32} = xy(p - d - r + m) + x(1 - y)(p + m - d - r) + (1 - x)y(p - r) + (1 - x)(1 - y)(p + m - r)$

$U_3 = z U_{31} + (1 - z) U_{32}$

得到第三方监测机构的动态复制方程：

$$F(z) = \frac{dz}{dt} = z(1 - z)(U_{21} - U_{22})$$

$$F(z) = z(1 - z) \left[mxy + dx + (m - q - f) y + (r - m + q + f) \right]$$

要实现第三方监测机构最优稳定状态，需要满足条件：$F(z) = 0$，$\frac{\partial F(z)}{\partial z} < 0$。

$$\frac{\partial F(z)}{\partial z} = (1 - 2z) \left[mxy + dx + (m - q - f) y + (r - m + q + f) \right]$$

由 $F(z) = 0$ 可得，$z = 0$ 或 $z = 1$ 或 $y = \dfrac{(m - r - q - f) - dx}{(m - q - f) + mx}$。令 $H(y) = mxy + dx + (m - q - f) y + (r - m + q + f)$，$H(y) = 0$ 时，$y = y^{**}$，$\dfrac{\partial F(z)}{\partial z} \equiv 0$，无论第三方监测机构策略如何，都处于稳定状态，不会随着时间的变化而改变。如图 7-2（c）所示，当 $z = 0$ 时，满足稳定条件的 $H(y) < 0$，即 $y < y^{**}$，第三方监测机构选择"接受寻租"是稳定演化策略。$z = 1$ 时，满足稳定条件的 $H(y) > 0$，即 $y > y^{**}$，第三方监测机构选择"拒绝寻租"是稳定演化策略。第三方监测机构拒绝寻租的概率与企业寻租成本负相关，与政府对拒绝寻租的奖励、数据造假的投机成本、政府对寻租的惩罚正相关。同时，演化过程中第三方监测机构拒绝寻租的概率随着政府监管部门贯彻监管的概率和企业履行环境社会责任的概率增加而上升。

四、三方演化博弈系统均衡点的稳定性分析

政府、企业和第三方监测机构的三方演化博弈系统的 Jacobian 矩阵为：

$$J = \begin{bmatrix} \dfrac{\partial\,F(x)}{\partial\,x} & \dfrac{\partial\,F(x)}{\partial\,y} & \dfrac{\partial\,F(x)}{\partial\,z} \\[2mm] \dfrac{\partial\,F(y)}{\partial\,x} & \dfrac{\partial\,F(y)}{\partial\,y} & \dfrac{\partial\,F(y)}{\partial\,z} \\[2mm] \dfrac{\partial\,F(z)}{\partial\,x} & \dfrac{\partial\,F(z)}{\partial\,y} & \dfrac{\partial\,F(z)}{\partial\,z} \end{bmatrix}$$

$$= \begin{bmatrix} \begin{array}{l}(1-2x)[(c-g)yz-(c+e)y\\ -(c+d)z+b+g+c+d-a]\end{array} & x(1-x)[(c-g)z-c-e] & x(1-x)[(c-g)y-c-d] \\[4mm] y(1-y)[(m-c)z+c+e] & \begin{array}{l}(1-2y)[(m-c)xz+(c+e-m)x\\ +(c-m)z+l+n+m-k+o]\end{array} & y(1-y)[(m-c)x+c-m] \\[4mm] z(1-z)(d+my) & z(1-z)(mx+m-q-f) & \begin{array}{l}(1-2z)[mxy+dx+(m-q-f)y\\ +r-m+q+f]\end{array} \end{bmatrix}$$

使用 Lyapunov 第一法进行均衡点的稳定性分析，雅可比矩阵的特征值至少有一个正实部，则均衡点为不稳定点；雅可比矩阵的所有特征值均为负实部，则均衡点为稳定点。各均衡点的稳定性如表 7-2 所示。

表 7-2 均衡点稳定性分析

均衡点	Jacobian 矩阵特征值 λ_1，λ_2，λ_3	稳定性	条件
$K_1(0,0,0)$	$f-m+q+r$，$b-a+c+d+g$，$l-k+m+n+o$	不稳定点	[1]
$K_2(1,0,0)$	$a-b-c-d-g$，$d+f-m+q+r$，$c+e-k+l+n+o$	不稳定点	[2]
$K_3(0,1,0)$	r，$b-a+d-e+g$，$k-l-m-n-o$	不稳定点	
$K_4(0,0,1)$	$b-a+g$，$m-f-q+r$，$c-k+l+n+o$	不稳定点	
$K_5(1,1,0)$	$d+m+r$，$a-b-d+e-g$，$k-e-l-m-n-o$	不稳定点	
$K_6(1,0,1)$	$a-b-g$，$m-f-d-q-r$，$2c+e-k+l-m+n+o$	不确定	
$K_7(0,1,1)$	$-r$，$b-a-e$，$k-c-l-n-o$	ESS	[3]

续表

均衡点	Jacobian 矩阵特征值 λ_1，λ_2，λ_3	稳定性	条件
$K_8(1, 1, 1)$	$-d-m-r$，$a-b+e$，$k-e-c-l-n-o$	不稳定点	[4]
$K_9(0, 0, 0)$	λ_1^*，λ_2^*，λ_3^*	不确定	

注：[1] $g>a$，$b-a+c+d+g>0$，所以 K_1 为不稳定点；[2] $c>k-l$，$c+e-k+l+n+o>0$，所以 K_2 为不稳定点；[3] $a>b$，则 $b-a-e<0$，因为 $c>k-l$，$k-c-l-n-o<0$，实部均为负数，$K_7(0, 1, 1)$ 是稳定点。

我们能够发现，当政府监管部门对企业违反环境社会责任的罚款大于进行合谋的交易成本时，才能防止三方演化博弈系统出现"政府贯彻监管，企业不履行环境社会责任，第三方监测机构接受寻租"的策略组合。因此，政府可以设定合理的奖惩机制，激励企业承担环境社会责任，避免混合策略均衡点的出现。解决的途径是，对企业不履行环境社会责任的罚款与对第三方监测机构的奖励之差不小于贯彻监管与松懈监管的成本差值。

第四节　仿真分析

为了验证演化稳定性分析的有效性，将模型赋予数值，利用 Matlab 进行数值仿真。在仿真过程中，我们模拟了多组数值，均能够实现假设条件下的稳定策略。此处以数组 1 为例，描述整个仿真过程。数组 1：$c=100$，$g=100$，$e=15$，$d=30$，$b=10$，$a=80$，$m=80$，$l=0$，$n=5$，$k=90$，$o=10$，$q=20$，$f=20$，$r=20$，在数组 1 的基础上分析 c，d，m，g，e，f，o 对演化博弈过程的影响。首先，分析 c 和 d 变化对演化博弈的影响，将

$c = 100$，150，200 和 $d = 30$，90，150 代入动态方程组演化 100 次的仿真结果分别如图 7-3 和图 7-4 所示。

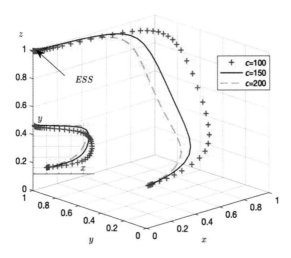

图 7-3　政府对企业惩罚的影响

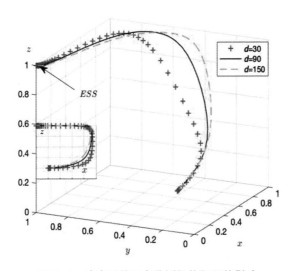

图 7-4　政府对第三方监测机构惩罚的影响

　　如图 7-3 所示，在企业履行环境社会责任的概率稳定到 1 的过程中，政府贯彻监管的概率增加，当 y 接近于 1 时，政府贯彻监管的概率逐渐下降为 0 而趋于稳定，以节约行政资源。并且 c 增大，第三方监测机构拒绝寻租的概率会下降。如图 7-4 所示，在第三方监测机构拒绝寻租的概率稳定到 1 的过程中，政府贯彻监管的概率增加，当 z 为 1 时，政府贯彻监管的概率下降为 0 而趋于稳定。并且随着政府对第三方监测机构罚款 d 的不断增大，第三方监测机构拒绝企业合谋的概率上升。这表明政府所面对的基本现状是，大量的企业为无视环境社会责任或逃避巨额处罚，更倾向于向第三方监测机构主动建立联系，意在通过造假监测数据规避环境社会责任。因此，政府需要辅以奖励措施激励企业承担环境社会责任，增加对企业和第三方监测机构合谋行为的惩罚，进而使得二者之间的交易成本 m 增大。分析 e 和 f 变化对演化博弈的影响，将 $e = 20$，40，60 和 $f = 20$，40，60 代入动态方程组演化 100 次的仿真结果分别如图 7-5 和图 7-6 所示。

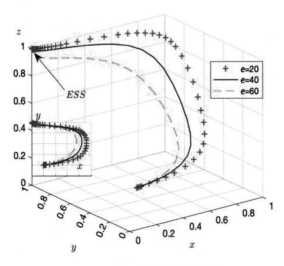

图 7-5　政府对企业奖励的影响

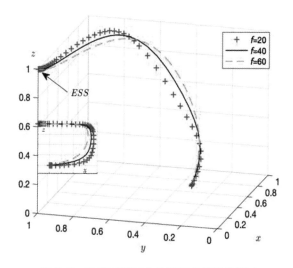

图 7-6　政府对第三方监测机构奖励的影响

　　图 7-5 和图 7-6 表明，对企业不履行环境社会责任和第三方检查机构寻租的罚款额增加，会降低政府贯彻监管的概率。政府制定合理的奖惩机制是敦促企业承担环境社会责任，激励第三方监测机构真实反馈的有效措施。

　　将 $m = 50$，100，150 代入动态方程演化 100 次结果如图 7-7 所示。随着交易费用增加，第三方更容易接受寻租，但是在政府相对严格的监管下，企业此时更倾向于履行环境社会责任。企业可以通过增大媒体披露，号召公众监督，扩大企业声誉影响力，获得投资者青睐和税收政策优惠等收益。将 $o = 10$，20，30 代入动态方程，如图 7-8 所示，可以发现企业通过承担环境社会责任而积累的声誉资本越大，企业在持续选择履行环境社会责任的概率越大。同时，企业承担环境社会责任如果获得较高的社会面曝光度，良好的社会声誉反馈将对企业的绩效产生积极作用，也会在同类型企业中产生同群效应，正向引导整个行业的环境社会责任履行水平。

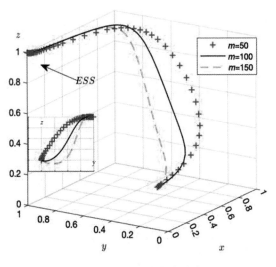

图 7-7　寻租成本的影响

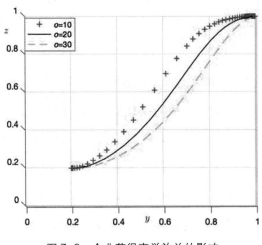

图 7-8　企业获得声誉效益的影响

中央对地方政府的松懈监管的处罚力度也是影响三方演化博弈的重
要因素，取 $g = 100$，150，200 代入动态方程，结果如图 7-9 所示。上级政府严厉的行政处罚能够使地方政府保持贯彻监管，但是对企业策略的演化影响不大。

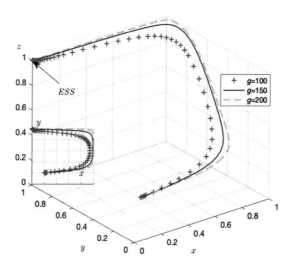

图7-9 中央对地方政府惩罚的影响

仿真分析与各方策略稳定性分析的结果具有一致性，取数组2演化100次：$c=60$，$g=60$，$e=15$，$d=30$，$b=0$，$a=50$，$m=50$，$l=40$，$n=5$，$k=90$，$o=10$，$q=20$，$f=20$，$r=20$。如图7-10所示，结果可得系统确实存在一个演化稳定点（0，1，1），即政府松懈监管，企业履行环境社会责任，第三方监测机构拒绝寻租的演化稳定策略组合。在这样的框架下，政府对企业的奖励和惩罚力度很小，企业不履行环境社会责任也可获得较大的投机收益，作为理性的个体不会选择履行环境社会责任。此时企业的策略选择受到政府对第三方监测机构奖惩措施的影响，如果政府对第三方监测机构揭露违规排放污染物的奖励不足，对寻租的惩罚不严厉，那么第三方监测机构就会主动迎合企业的示好，形成利益勾兑。如果政府通过官方表彰和正义报道等方式对第三方揭露违规现象进行激励，增大对第三方监测机构的失职处罚，企业的交易成本将会增加，导致其放弃与第三方监测机构合谋的投机行为而接受政府惩罚。所以政府会调整对企业的奖惩措施，当企业违规时面临既不想接受高额惩罚，也不想支付高额交易费用时，就会选择履行环境社会责任。企业选择主动承担环境社会责任，当然，此时企业也没有必要再与第三方监测机构进行合谋，此时的政府也无需在对第三方监测结构的揭发奖励进行投入，三方主体达到稳定状态。

所以，实现稳态的最优策略是政府监管部门通过环境规制初始阶段对第三方监测机构的精准惩罚和揭发奖励，以及对违规企业的有效惩罚，实现三方主体的稳态。在后期的工作中，政府监管部门不断加强信息化建设，降低对监管对象的信息获取成本，综合企业和第三方监测机构的利益，确保奖惩措施的精准落地并能够有效约束投机行为。同时，积极推动企业更新排污设备，严格履行环境社会责任，降低主动承担环境社会责任的成本，对于积极响应者给予税收奖励及政策补贴，同时，

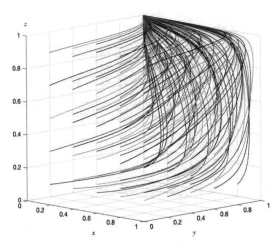

图 7-10　数组 2 演化 100 次的结果

帮助责任承担企业充分利用媒体资源等获得社会声誉，并充分兑现社会声誉的经济效益，使企业进入环境社会责任承担的良性循环。政府监管部门保持对第三方监测机构的有效监督，协同企业共同弱化双方的寻租动力。

本章小结

本章通过建立政府、企业和第三方监测机构的三方演化博弈模型，探讨了博弈模型的各种稳定策略和影响机制，并通过仿真分析验证结论的有效性和可行性。研究结论如下：政府的奖惩措施不仅会影响自身的监管决策，还会影响企业和第三方监测机构的决策。增大奖励和惩罚的力度会使政府贯彻监管的概率下降，因此，政府奖惩措施的制定必须综合各方的投机收益。企业的决策会受到所能获得声誉效益和经济效益的影响，更高的效益能够促进企业放弃投机行为而选择主动履行环境社会责任。第三方监测机构的决策会受到企业决策的影响，当政府的介入使企业无力面对高昂的交易费用时，第三方监测机构也会因为造假成本的上升而拒绝寻租。所以政府能够通过调整对企业和第三方监测机构的奖惩措施，使企业处于一个在违规时面临既不想接受高额惩罚，也不想支付高额交易费用，而选择主动履行环境社会责任。

因此，对于政府监管部门而言，通过对环境社会责任承担企业实施差异化的环保税率、税收优惠等组合政策，对第三方监测机构揭露违规现象进行直接奖励，以通报、罚款等方式对企业违规和第三方监测机构寻租进行处罚，营造奖惩分明的外部发展环境是构建长效发展机制的重要路径。具体而言，通过制定更加科学规范的环境信息披露指引，提高企业在环保支出、污染排放等可量化指标上的披露要求，对环境报告中存在虚假陈述、言行不一的公司实行名单制，进行重点监管，同时，定期公布地区或行业环境污染影响因素及环境事故，推动环境相关信息共享机制的实现等都是保证上述政策有效执行和落地的重要保证。基于企业在履行环境社会责任过程中的同群模仿效应，政府部门还可以通过树立典型，以广而告之的方式来引导同群企业的模仿行为，进而提升整体行业的环境社会责任承担水平。

第八章　结论、建议与展望

第一节　结　论

本研究通过考察混合所有制改革、市场化进程、数字化进程、地方政府环保策略、企业前瞻化战略等宏观、中观、微观的各种制度环境对企业承担社会责任的影响，结合企业创新责任、慈善捐赠责任以及环境社会责任等具体维度的实证研究结果，得出了如下主要结论。

在总体社会责任承担方面，企业社会责任与财务绩效之间存在良性互促关系，良好的制度环境能够正向调节上述互促关系。在各类微观的具化社会责任承担方面，也得到了一些有效结论：（1）企业创新责任。企业创新责任的承担更多的受到经济政策不确定性的正向影响，权属性质能够对企业创新的不同阶段产生差异性的影响，较低的融资约束水平、较高的股权集中度以及较好的企业绩效都能够对企业创新行为的不同阶段产生一定的正向作用。（2）慈善捐赠责任。企业选择成立自己的基金会时，能够增强运营过程中对捐款落实的控制力，从而获得更好的声誉资本积累。社会参照点影响着利益相关者的慷慨认知，也决定了其对于企业捐赠行为的评价结果，因此，声誉在企业的慈善捐赠和经营结果之间起到中介效应，非国有企业对于捐赠的利益相关者评价具有更高的敏感性，也就是说，同样的捐赠落差会使得非国有企业遭受更大的负向解读。（3）环境社会责任。地方政府的环保策略对"绩效—责任"关系具有负向调节作用，在环保策略相对消极的地区，环境社会责任可以更高效地实现声誉转化，促进企业进行环境社会责任的投入。

除此之外，本研究以更具社会属性，也是政府更有可能进行合作治理的环境社会责任为例，通过建立政府、企业和第三方监测机构的三方演化博弈模型，探讨了博弈模型的各种稳定策略和影响机制，并通过仿真分析验证结论的有效性和可行性。结果显示，企业的决策会受到所能获得声誉效益和经济效益的影响，更高的效益能够促进企业放弃投机行为而选择主动履行社会责任。所以政府能够通过调整对企业和第三方监测机构的奖惩措施，促使企业选择主动履行社会责任。

第二节　政策建议

一、政府层面

中国企业的发展模式已经由政府引导过渡到市场主导阶段。从长期来看，政府应当强化市场在资源配置中的决定性作用，逐步减少对企业的直接干预，通过构建良好的外部经济环境，让无形之手推动企业的发展与成长，促进市场在良性竞争中将创新型企业选择下来。政府应进一步推动混合所有制改革、市场化进程及数字化进程，通过不断优化企业履行社会责任的制度环境与市场环境，实现企业间的高效运转和充分竞争。在此过程中，企业可以将外部环境的有利条件转化为企业发展的内在动力，同时通过满足各利益方的价值诉求，提升企业的社会声誉，实现企业面与社会面的互利共赢。

对于社会责任履行微观层面的引导，本研究关注了创新社会责任、慈善捐赠责任以及环境社会责任。中央政府及地方政府应通过不断降低区域间企业的制度距离和制度同构成本，促进企业将更多的精力、资源投入到内在能力的提升上来，这是企业无后顾之忧履行创新责任的重要前提，也是实现企业创新发展、经济高质量增长的重要制度保证。同时，应积极宣传企业的慈善捐赠行为，使捐赠信息能够实现更高程度的透明化，避免企业在捐赠过程中受到"道德资本"的绑架，在鼓励企业进行慈善捐赠的同时，建立相应的激励政策和监管机制，确保企业慈善捐赠有效开展，实现企业层面和社会层面的双赢。在环保意识相对落后的地区，政府及监管部门应督促重污染企业落实环境责任承担，通过宣传引导，使企业能够充分意识到减排与增长可以兼得，促进更多的企业在保护生态环境的同时谋求自身发展。

二、企业层面

在创新社会责任的承担方面，企业必须时刻关注其所在区域政府提供的动态性制度安排所带来的市场机会和政策机会对企业决策的影响，经济政策的变化会对企业的创新发展决策和创新的社会责任承担产生重要影响。同时，企业家精神和管理者对于企业所处发展阶段和经营现状的综合认识也是创新责任良好承担的重要保证。在慈善捐赠责任的承担方面，企业一方面要考虑自身的实际捐赠能力，同时还需重视利益相关者的感知，应充分意识到捐赠落差所带来的利益相关者认知对财务绩效的影响。同时，企业要充分考虑产权性质在不同的捐赠预期差距下所产生的差异性，管理者要结合企业的自身定位在慈善捐赠中做到有的放矢，实现更高水平的声誉转化。

在环境社会责任的承担方面，企业决策者需充分利用环境社会责任与财务绩效潜在的互动机制，通过积极承担环境社会责任来促进财务绩效的提升，带动企业长期平稳发展及社会公众利益增长；对于重污染企业而言，执行前瞻型环境战略对于实现政府环保策略与企业环境战略的协同发展具有重要意义，也有利于推动企业财务绩效与环境责任相互促进的循环机制，形成生态层面与企业社会层面的共赢。

第三节　启示与展望

随着我国经济发展的不断深化，企业生产经营所引起的外部性问题逐渐突出，这也使得现代公司治理研究对于表外业务投入了更高的关注。传统的企业管理及会计行为主要是为企业经济效益服务的，往往站在促进企业发展的角度，向有关部门提供资产负债表、利润表等财务信息，无法体现出企业完整、真实的社会责任价值。如何衡量和反映企业对社会的外部性影响，成为新时代背景下企业面临的重大问题和挑战。所以，社会责任情境下的相关研究近年来逐步走入了人们的视野，良好的社会责任引导机制和企业的有效执行能够在保证企业合法利益的同时，增加企业的正面社会影响，使企业更好的回归社会属性。

　　未来在新时代经济追求高质量增长、企业谋求创新发展的背景下，企业需要在社会责任的认知理念、制度设计以及实践范式方面与时俱进并有所创新，在开拓中国企业社会责任发展新局面的同时，助力企业成长、经济增长。

一、社会责任理念：从响应到根植

　　企业在发展过程中，其经济理性与社会理性的统一离不开企业完整的社会责任认知观，这也是避免企业经营行为与社会期望相背离的软环境基础。而种种现实情况表明，绝大部分企业目前仍然以波特（2006）的社会责任工具竞争观为认知前提，将承担社会责任视为一种获取竞争资源、建立政治关联、实现错误谅解的竞争工具或逐利手段。其原因在于，充分竞争背景下的股东至上及利润最大化的市场逻辑认知。因此，在未来的企业发展尤其是民营企业发展过程中，需要深入认知企业社会责任与企业治理之间融合关系，逐步形成市场逻辑与社会逻辑之间的混合双元型逻辑，使得科学的企业社会责任理念真正根植并内生于企业的运营管理与实践行为之中，这是一个对原有认知的知识结构进行解除、改变及再造的过程，需要政府职能部门的宣传、普及与引导，也需要企业的主动学习、认真贯彻，逐步树立合作共赢的社会责任认知理念。

二、社会责任制度：从创建到强化

　　从制度供给层面来看，我国企业的社会责任执行一直处于非强制性的引导或间接激励状态，可操作性和落地性都难以得到保证，这使得很多企业在承担社会责任的过程中更倾向于"努力的"完成任务，而无法保证质量，从效果来看必然偏离预期。社会责任管理与实践互相分离的现象仍广泛存在，长效机制的缺失使得企业社会责任在履行过程中呈现出间断性或工具性的特征。因此，未来需要在如下方面继续进行探索性建设：一是基于大数据背景，不断深化引导性与强制性的社会责任制度体系建设，加快前瞻性与针对性的社会责任指南与规范出台；二是基于企业的差异性，进一步构筑不同行业类型的企业社会责任分类监管体系，针对特殊企业一事一议，不断细化企业社会责任的管理与实践；三是基于企业的微观层面，鼓励从企业内部建立社会责任的制度体系，创新企业内部社会责任管理与实践中的激励与约束机制，形成企业层面的自我驱动、自我约束、自我调整与自我实现的社会责任微组织。

三、社会责任实践：从执行到落地

企业社会责任实践的落地性依托于良好的宏观治理体系。具体而言，政府应尝试引导建立伙伴式协同治理的社会责任生态治理网络，基于企业、政府及其他利益相关者所形成生态圈下共同认同的治理价值观，构建一套稳定的能够从整体上解决社会责任缺失、伪社会责任及参与者寻租等行为的治理模式，这是保证社会责任实践高质量落地的一个重要探索方向。与此同时，政府与企业应针对社会责任参与主体的治理功能、治理需求及各自的治理优势，不断挖掘可能拥有共同治理价值观的潜在组合，培育更多、更大的社会责任生态圈，破解企业社会责任发展进程中的实践困境。通过社会责任协同治理生态圈推进宏观治理体系的建设，从而实现企业社会责任实践的高效管理，并形成稳定、可持续的长效机制。

参 考 文 献

蔡春、郑开放、陈晔、王朋：《政府环境审计对企业环境责任信息披露的影响研究——基于"三河三湖"环境审计的经验证据》，《审计研究》2019 年第 6 期。

蔡贵龙、柳建华、马新啸：《非国有股东治理与国企高管薪酬激励》，《管理世界》2018 年第 5 期。

曹越、孙丽、郭天枭、蒋华玲：《"国企混改"与内部控制质量：来自上市国企的经验证据》，《会计研究》2020 年第 8 期。

曾诗韵、蔡贵龙、程敏英：《非国有股东能改善会计信息质量吗？——来自竞争性国有上市公司的经验证据》，《会计与经济研究》2017 年第 4 期。

陈建英、杜勇、张欢、于连超：《慈善捐赠对业绩异质性企业价值的影响研究——来自中国上市公司的经验证据》，《中央财经大学学报》2019 年第 12 期。

陈林、唐杨柳：《混合所有制改革与国有企业政策性负担——基于早期国企产权改革大数据的实证研究》，《经济学家》2014 年第 11 期。

陈玉清、马丽丽：《我国上市公司社会责任会计信息市场反应实证分析》，《会计研究》2005 年第 11 期。

崔萌：《协同治理背景下环保信用监管的三方演化博弈分析》，《系统工程理论与实践》2021 年第 3 期。

戴亦一、潘越、冯舒：《中国企业的慈善捐赠是一种"政治献金"吗？——来自市委书记更替的证据》，《经济研究》2014 年第 2 期。

冯晓晴、文雯、靳毓：《多个大股东与企业社会责任》，《财经论丛》2020 年第

10 期。

傅超、吉利：《诉讼风险与公司慈善捐赠——基于"声誉保险"视角的解释》，《南开管理评论》2017 年第 2 期。

顾雷雷、彭杨：《慈善捐赠对企业绩效的影响——企业生命周期的调节作用》，《管理评论》2022 年第 3 期。

郭国庆、陈凤超、顾雷雷：《慈善捐赠、品牌资产与企业绩效的关系——来自中国上市公司的数据》，《中国科技论坛》2018 年第 3 期。

郭海、杨主恩：《从数字技术到数字创业：内涵、特征与内在联系》，《外国经济与管理》2021 年第 9 期。

郭少青：《智慧化环境治理体系的内涵与构建路径探析》，《山东大学学报（哲学社会科学版）》2020 年第 1 期。

郝阳、龚六堂：《国有、民营混合参股与公司绩效改进》，《经济研究》2017 年第 3 期。

胡俊南、徐海婷：《环保税实施对重污染企业环境责任履行的激励效果研究——基于系统动力学仿真视角》，《财会通讯》2021 年第 24 期。

黄速建：《中国国有企业混合所有制改革研究》，《经济管理》2014 年第 7 期。

黄伟、王旸：《地方政府财政压力、政治身份与企业慈善捐赠——基于全国民营企业调查的证据》，《当代财经》2020 年第 10 期。

贾明、张喆：《高管的政治关联影响公司慈善行为吗》，《管理世界》2010 年第 4 期。

李峰、崔康乐：《企业社会责任行为对东道国消费者的影响研究——基于中国品牌国际化视角》，《华东经济管理》2022 年第 6 期。

李海舰、田跃新、李文杰：《互联网思维与传统企业再造》，《中国工业经济》2014 年第 10 期。

李平、简泽、江飞涛、李晓萍：《中国经济新常态下全要素生产率支撑型模式转变》，《数量经济技术经济研究》2019 年第 12 期。

李祥进、杨东宁、雷明：《企业社会责任行为对员工工作绩效影响的跨层分析》，《经济科学》2012 年第 5 期。

李向荣：《混合所有制企业国有股比例、制衡股东特征与公司绩效》，《经济问题》2018 年第 10 期。

李哲、王文翰、王遥：《企业环境责任表现与政府补贴获取——基于文本分析的经验证据》，《财经研究》2022 年第 2 期。

连燕玲、郑伟伟、刘依琳、高皓：《社会绩效反馈视角下媒体负面报道对企业战略响应的影响研究》，《管理学报》2022 年第 10 期。

梁建、陈爽英、盖庆恩：《民营企业的政治参与、治理结构与慈善捐赠》，《管理世界》2010 年第 7 期。

梁敏、曹洪军、陈泽文：《环境规制、环境责任与企业绿色技术创新》，《企业经济》2021 年第 11 期。

刘畅、张景华：《环境责任、企业性质与企业税负》，《财贸研究》2020 年第 9 期。

刘春济、高静：《国有企业慈善捐赠的政府行为效应》，《经济管理》2022 年第 3 期。

刘春林、田玲：《人才政策"背书"能否促进企业创新》，《中国工业经济》2021 年第 3 期。

刘海建：《捐赠行动、利益相关者预期与企业绩效——基于锚定假说的实证研究》，《江苏社会科学》2022 年第 3 期。

刘艳博、耿修林：《环境不确定下的营销投入、企业社会责任与企业声誉的关系研究》，《管理评论》2021 年第 10 期。

刘玉焕、井润田：《企业社会责任能提高财务绩效吗？——文献综述与理论框架》，《外国经济与管理》2014 年第 12 期。

刘志阳、陈咏昶：《全数字技术——社会新范式：以区块链社会创新为例》，《东岳论丛》2020 年第 8 期。

刘志阳、赵陈芳、李斌：《数字社会创业：理论框架与研究展望》，《外国经济与管理》2020 年第 4 期。

卢正文、刘春林：《基于动机认知视角的慈善捐赠对企业绩效影响研究——基本企业社会责任的调节效应》，《现代经济探讨》2017 年第 9 期。

鲁悦、刘春林：《期望绩效反馈对企业社会责任行为的影响——基于利益相关者视角》，《经济与管理研究》2018 年第 5 期。

马连福、王丽丽、张琦：《混合所有制的优序选择：市场的逻辑》，《中国工业经济》2015 年第 7 期。

潘孝珍：《企业社会责任可以相互传递吗？——基于沪深 A 股上市公司的空间计量分析》，《证券市场导报》2019 年第 12 期。

潘越、翁若宇、刘思义：《私心的善意：基于台风中企业慈善捐赠行为的新证据》，《中国工业经济》2017 年第 5 期。

庞瑞芝、张帅、王群勇：《数字化能提升环境治理绩效吗？——来自省际面板数据的经验证据》，《西安交通大学学报（社会科学版）》2021 年第 5 期。

彭镇、戴亦一：《企业慈善捐赠与融资约束》，《当代财经》2015 年第 4 期。

钱丽华、刘春林、丁慧：《慈善捐赠、利益相关者动机认知与企业绩效——基于 Heckman 二阶段模型的实证研究》，《软科学》2018 年第 5 期。

申明浩、谭伟杰、张文博：《数字化转型增进了企业社会责任履行吗?》，《西部论坛》2022 年第 3 期。

沈飞、周延：《环境污染责任保险与企业创新——基于中介效应检验》，《科技管理研究》2021 年第 9 期。

沈洪涛、王立彦、万拓：《社会责任报告及鉴证能否传递有效信号？——基于企业声誉理论的分析》，《审计研究》2011 年第 4 期。

沈洪涛、周艳坤：《环境执法监督与企业环境绩效：来自环保约谈的准自然实验证据》，《南开管理评论》2017 年第 6 期。

史普润、曹佳颖、陈杰：《数字时代企业环境审计模式创新——基于环保政策响应机制的研究》，《南京审计大学学报》2021 年第 5 期。

宋渊洋、张罕、匡倩：《捐赠期望落差、现金流权与企业应对策略》，《系统管理学报》2022 年第 1 期。

宋之杰、郭燕平、崔冬初：《地方政府监管与稀土上游企业的演化博弈分析》，《科研管理》2014 年第 8 期。

苏芳、梁秀芳、陈绍俭、孙艳蕾：《制度压力对企业环境责任的影响——来自中国上市公司的证据》，《中国环境管理》2022 年第 4 期。

孙红莉：《战略性慈善行为、外部融资与民营企业研发投入》，《经济管理》2019 年第 8 期。

孙玥璠、刘雪娜、张永冀、操群：《领导干部自然资源资产离任审计与企业环境责任履行》，《审计研究》2021 年第 5 期。

谭娟、谷红、谭琼：《大数据时代政府环境治理路径创新》，《中国环境管理》2018 年第 1 期。

汤晓建：《内部控制、制度环境与企业社会责任信息披露质量》，《会计与经济研究》2016 年第 2 期。

田利辉、王可第：《社会责任信息披露的"掩饰效应"和上市公司崩盘风险——来自中国股票市场的 DID-PSM 分析》，《管理世界》2017 年第 11 期。

田祖海、叶凯：《企业社会责任研究述评》，《中南财经政法大学学报》2017 年第 1 期。

汪玉兰、易朝辉：《投资组合的权重重要吗？——基于机构投资者对盈余管理治理效应的实证研究》，《会计研究》2017 年第 5 期。

王程伟、马亮：《绩效反馈何以推动绩效改进——北京市"接诉即办"的实证研究》，《中国行政管理》2020 年第 11 期。

王殿华、苏毅清：《食品安全市场监管效果的检验及分析》，《软科学》2013 年第 3 期。

王薇：《企业环境责任与政府补助——基于寻租视角的分析》，《财经问题研究》2020 年第 11 期。

温忠麟、叶宝娟：《中介效应分析：方法和模型发展》，《心理科学进展》2014 年第 5 期。

吴蝶、朱淑珍：《企业环境信息披露的同群效应研究》，《预测》2021 年第 1 期。

吴非、胡慧芷、林慧妍、任晓怡：《企业数字化转型与资本市场表现——来自股票流动性的经验证据》，《管理世界》2021 年第 7 期。

吴昊旻、张可欣：《长计还是短谋：战略选择、市场竞争与企业环境责任履行》，《现代财经》2021 年第 7 期。

肖红军、阳镇、刘美玉：《企业数字化的社会责任促进效应：内外双重路径的检验》，《经济管理》2021 年第 11 期。

肖红军、阳镇：《平台型企业社会责任治理：理论分野与研究展望》，《西安交通大学学报（社会科学版）》2020 年第 1 期。

肖红军、张俊生、李伟阳：《企业伪社会责任行为研究》，《中国工业经济》2013 年第 6 期。

肖红军：《平台化履责：企业社会责任实践新范式》，《经济管理》2017 年第 3 期。

肖静华、胡杨颂、吴瑶：《成长品：数据驱动的企业与用户互动创新案例研究》，《管理世界》2020 年第 3 期。

肖静华、吴小龙、谢康、吴瑶：《信息技术驱动中国制造转型升级——美的智能制造跨越式战略变革纵向案例研究》，《管理世界》2021 年第 3 期。

阳镇、陈劲：《平台情境下的可持续性商业模式：逻辑与实现》，《科学学与科学技术管理》2021 年第 2 期。

阳镇、李井林：《创新工具还是粉饰工具？——业绩下滑与企业社会责任的再检验》，《科学学研究》2020 年第 4 期。

叶琴、曾刚、戴劭勍、王丰龙：《不同环境规制工具对中国节能减排技术创新的影响——基于 285 个地级市面板数据》，《中国人口·资源与环境》2018 年第 2 期。

于洪彦、黄晓治、曹鑫：《企业社会责任与企业绩效关系中企业社会资本的调节作用》，《管理评论》2015 年第 1 期。

于涛、刘长玉：《政府与生产企业间产品质量问题博弈分析》，《山东大学学报（哲学社会科学版）》2014 年第 2 期。

余汉、宋增基、宋慈笈：《国有企业党委参与公司治理综合评价及有效性检验》，《中国软科学》2021 年第 10 期。

余敏江：《智慧环境治理：一个理论分析框架》，《经济社会体制比较》2020 年第 3 期。

袁淳、肖土盛、耿春晓、盛誉：《数字化转型与企业分工：专业化还是纵向一体化》，《中国工业经济》2021 年第 9 期。

张弛、张兆国、包莉丽：《企业环境责任与财务绩效的交互跨期影响及其作用机理研究》，《管理评论》2020 年第 2 期。

张国胜、杜鹏飞：《数字化转型对我国企业技术创新的影响：增量还是提质》，《经济管理》2022 年第 6 期。

张敏、马黎珺、张雯:《企业慈善捐赠的政企纽带效应——基于我国上市公司的经验证据》,《管理世界》2013 年第 7 期。

张钦成、杨明增:《企业数字化转型与内部控制质量——基于"两化融合"贯标试点的准自然实验》,《审计研究》2022 年第 6 期。

张兆国、靳小翠、李庚秦:《企业社会责任与财务绩效之间交互跨期影响实证研究》,《会计研究》2013 年第 8 期。

张兆国、张弛、曹丹婷:《企业环境管理体系认证有效吗》,《南开管理评论》2019 年第 4 期。

赵蓓、吴芳、张岩:《企业可见度、社会责任与绩效》,《厦门大学学报(哲学社会科学版)》2015 年第 3 期。

赵斌斌、钱士茹:《混合所有制是否有利于国有企业绩效提升——基于制造业上市公司的实证研究》,《北京邮电大学学报(社会科学版)》2017 年第 1 期。

郑杲娉、徐永新:《慈善捐赠、公司治理与股东财富》,《南开管理评论》2011 年第 2 期。

周丽萍、陈燕、金玉健:《企业社会责任与财务绩效关系的实证研究——基于企业声誉视角的分析解释》,《江苏社会科学》2016 年第 3 期。

朱斌、刘雯:《又红又善:企业政治联系影响企业慈善捐赠的机制分析》,《吉林大学社会科学学报》2020 年第 3 期。

朱立龙、荣俊美、张思意:《政府奖惩机制下药品安全质量监管三方演化博弈及仿真分析》,《中国管理科学》2021 年第 11 期。

Adams, C. A., Frost, G. R., "Accessibility and Functionality of the Corporate Web Site: Implications for Sustainability Reporting", *Business Strategy and the Environment*, 2006.

Authur, G., Pache, A. C., "Research on Corporate Philanthropy: A Review and Assessment", *Journal of Business Ethics*, 2013.

Barnett, M. L., Salomon, R. M., "Beyond Dichotomy: The Curvilinear Relationship between Social Responsibility and Financial Performance", *Strategic Management Journal*, 2006.

Baron, R. M., Kenny, D. A., "The Moderator-mediator Variable Distinction in Social Psychological Research: Conceptual, Strategic, and Statistical Considerations", *Journal of Personality & Social Psychology*, 1986.

Berman, S. L., Wicks, A. C., Kotha, S., Jones, T. M., "Does Stakeholder Orientation Matter? The Relationship between Stakeholder Management Models and the Firm Financial Performance", *Academy of Management Journal*, 1999.

Bouquetc, H., Deutsch, Y., "The Impact of Corporate Social Performance on a Firm's Multinationality", *Journal of Business Ethics*, 2008.

Brammer, S., Brooks, C., Pavelin, S., "Corporate Social Performance and Stock Returns: UK Evidence from Disaggregate Measures", *Financial Management*, 2006.

Cadman, T., "Evaluating the Quality and Legitimacy of Global Governance: A Theoretical and Analytical Approach", *International Journal of Social Quality*, 2012.

Chakraborty, P., Chatterjee, C., "Does Environmental Regulation Indirectly Induce Upstream Innovation? New Evidence from India", *Resource Policy*, 2017.

Chen, H. Q., Zhu, D. D., "Impact of Rent-seeking on Productivity in Chinese Coal mine Safety Supervision: A Simulation Study", *Energy Policy*, 2016.

Clemons, E., Madhani, N., "Regulation or Digital Businesses with Natural Monopolies or Third-party Payment Business Models: Antitrust Lessons from the Analysis of Google", *Journal of Management Information Systems*, 2010.

Cui, Z. Y., Liang, X. Y., Lu, X. W., "Prize or price? Corporate Social Responsibility Commitment and Sales Performance in the Chinese Private Sector", *Management and Organization Review*, 2014.

Debbie, H., Lucas, C. P. M., Lesley, H., "The Third-party Model: Enhancing Volunteering through Governments, Corporations and Educational Institutes", *Journal of Social Policy*, 2010.

Donelan, R., Walker, S., Salek, S., "Factors Influencing Quality Decision-making: Regulatory and Pharmaceutical Industry Perspectives", *Pharmacoepidemiol Drug Saf*, 2015.

Duan, J. L., Bu, M., Pittman, R., "Does Market Competition Dampen Environmental Performance? Evidence from China", *Strategic Management Journal*, 2018.

Fein, S., Hilton, J. L., Miller, D. T., "Suspicion of Ulterior Motivation and the Correspondence Bias", *Journal of Personality and Social Psychology*, 1990.

Flammer, C., "Competing for Government Procurement Contracts: the Tole of Corporate Social Responsibility", *Strategic Management Journal*, 2018.

Flammer, C., Hong, B., Minor, D., "Corporate Governance and the Rise of Integrating Corporate Social Responsibility Criteria in Executive Compensation: Effectiveness and Implications for Firm Outcomes", *Strategic Management Journal*, 2019.

Fombrun, C. J., Shanley, M., "What Is in a Name? Reputation Building and Corporate Strategy", *Academy of Management Journal*, 1990.

Freeman, R. E., Evan, W., "Corporate Governance: A Stakeholder Interpretation", *Journal of Behavioral Economics*, 1990.

Greve, H. R., "A Behavioral Theory of R&D Expenditures and Innovations: Evidence from Shipbuilding", *Academy of Management Journal*, 2003.

Griffin, J., Mahon, J., "The Corporate Social Performance and Corporate Financial Performance Debate: Twenty-five Years of Incomparable Research", *Business and Society*, 1997.

Hillman, A. J., Keim, G. D., "Shareholder Value, Stakeholder Managements, and Social Issues: What's the Bottom Line", *Strategic Management Journal*, 2001.

Hinings, B., Gegenhuber, T., Greenwood, R., "Digital Innovation and Transformation: An Institutional Perspective", *Information and Organization*, 2018.

Hörisch, J., Freeman, R. E., Schaltegger S., "Applying Stakeholder Theory in Sustainability Management: Links, Similarities, Dissimilarities, and a Conceptual Framework", *Organization & Environment*, 2014.

Huang, F., Xiang, L., Liu, R., "The IPO Corporate Social Responsibility Information Disclosure: Does the Stock Market Care?", *Accounting & Finance*, 2019.

Hull, C. E., Rothenberg, S., "Firm Performance: The Interactions of Corporate Social Performance with Innovation and Industry Differentiation", *Strategic Management Journal*, 2008.

Jensen, M., Meckling, W., "Theory of the Firm: Managerial Behavior, Agency

Costs, and Ownership Structure", *Journal of Financial Economics*, 1976.

Lee, E. P., Bannon, D. P. O., "The Corporate Social-Financial Performance Relationship: A Typology and Analysis", *Business and Society*, 1997.

Loebbecke, C., Picot, A., "Reflections on Societal and Business Model Transformation Arising from Digitization and Big Data Analytics: A Research Agenda", *Journal of Strategic Information Systems*, 2015.

Luo, X., Bhattacharya, C. B., "Corporate Social Responsibility, Customer Satisfaction, and Market Value", *Journal of Marketing*, 2006.

Margolis, J. D., Walsh, J. P., "Misery Loves Companies: Rethinking Social Initiatives by Business", *Administrative Science Quarterly*, 2003.

Mohr, L. A., Webb, D. J., "The effects of corporate social responsibility and price on consumer responses", *Journal of Consumer Affairs*, 2005.

Pache, A. C., Santos, F., "Inside the Hybrid Organization: Selective Coupling as a Response to Competing Institutional Logics", *The Academy of Management Journal*, 2013.

Pava, M. L., Krausz, J., "The Association Between Corporate Responsibility and Financial Performance: The Paradox of Social Cost", *Journal of Business Ethics. Dordrecht*, 1996.

Quinn, D. P., Thomas, M. J., "An Agent Morality View of Business Policy", *The Academy of Management Review*, 1995.

Ran, X., Wang, Y. R., Wang, W. B., Ding, Y. X., "Evolutionary Game Analysis for Third-party Governance of Environmental Pollution", *Journal of Ambient Intelligence and Humanized Computing*, 2019.

Rocha, A. B. D., Salomao, G. M., "Environmental Policy Regulation and Corporate Compliance in Evolutionary Game Models with Well-mixed and Structured Populations", *European Journal of Operational Research*, 2019.

Scott, T., "Does Collaboration Make any Difference? Linking Collaborative Governance to Environmental Outcomes", *Journal of Policy Analysis and Management*, 2015.

Sen, S., Bhattacharya, C. B., "Does Doing Good Always Lead to Doing Better?

Consumer Reactions to Corporate Social Responsibility", *Journal of Marketing Research*, 2001.

Sheng, J. C., Zhou, W. H., Zhu, B. Z., "The Coordination of Stakeholder Interests in Environmental Regulation: Lessons from China's Environmental Regulation Policies from the Perspective of the Evolutionary Game Theory", *Journal of Cleaner Production*, 2020.

Tang, Z., Hull, C. E., Rothenberg, S., "How Corporate Social Responsibility Engagement Strategy Moderates the CSR-Financial Performance Relationship", *Journal of Management Studies*, 2012.

Vial, G., "Understanding digital transformation: A review and a research agenda", *Journal of Strategic Information Systems*, 2019.

Vollero, A., Siano, A., Palazzo, M., "Hoftsede's Cultural Dimensions and Corporate Social Responsibility in Online Communication: Are They Independent Constructs", *Corporate Social Responsibility and Environmental Management*, 2020.

Wang, H. L., Qian, C. L., "Corporate Philanthropy and Corporate Financial Performance: The Roles of Stakeholder Response and Political Access", *Academy of Management Journal*, 2011.

Wang, H., Jia, M., Xiang, Y., Lan, Y., "Social Performance Feedback and Firm Communication Strategy", *Journal of Management*, 2022.

Wang, H., Choi, J., "A New Look at the Corporate Social-financial Performance Relationship: the Moderating Roles of Temporal and Interdomain Consistency Incorporate Social Performance", *Journal of Management*, 2013.

Wang, H., Choi, J., Li, J., "Too Little or Too Much? Untangling the Relationship between Corporate Philanthropy and Firm Financial Performance", *Organization Science*, 2008.

Williams, A., Siegel, D., "Corporate Social Responsibility and Financial Performance: Correlation or Misspecification", *Strategic Management Journal*, 2000.

Wilson, J. K., Damania, R., "Corruption, Political Competition and Environmental Policy", *Journal of Environmental Economics and Management*, 2005.

后　记

　　该书是本人博士毕业后的第二部专著，也是对于自己进入工作阶段以来研究工作的一次系统性的梳理与表达。近年来，本人一直在制度经济学的理论框架下从事政府干预适度性对企业成长作用机制的理论与实证研究。本书的出版，也是个人研究领域从探索影响企业行为决策的外部制度边界（即制度环境视角）迈向内部道德边界（即社会责任视角）的重要一步。

　　本书的研究内容交叉于工商管理、应用经济学与社会学，这也是对于本人学术履历的真实写照，从本科（会计学）到博士（金融学），再到工作以来的研究及所从事大量社会兼职工作的所学与所思。即将跨越不惑之年，在管理学与经济学的科学理性中匹配社会学情怀，更加切实、直接地解决社会问题，既是学科关联的必然发展规律，也给自己带来了极大的获得感与满足感。

　　能够圆满完成这项研究工作，需要感谢我所在单位提供的良好工作环境与软、硬件设施。还要感谢我的三位研究生，冯雨薇、郭星男、刘艺宁的努力工作。"心之所向，素履以往"，回想起来，科研本就是一件奢侈的"苦旅"。过程中的孤单与寂寞，困顿与压力，纠结与苦闷，无处评说，唯有家人自知。感谢在背后默默支持我的家人。

特别感谢那些在学术生涯中帮助过我的各位古道热肠的前辈，岁月沧桑留下时光的印记，晚辈铭记于心。

责任编辑：李媛媛

封面设计：胡欣欣

图书在版编目（CIP）数据

企业社会责任承担的引导机制与实现路径研究 / 汲昌霖著. -- 北京 ：人民出版社，2024. 11. -- ISBN 978 - 7 - 01 - 026723 - 4

Ⅰ. F272 - 05

中国国家版本馆 CIP 数据核字第 2024BS3469 号

企业社会责任承担的引导机制与实现路径研究

QIYE SHEHUI ZEREN CHENGDAN DE YINDAO JIZHI YU SHIXIAN LUJING YANJIU

汲昌霖　著

人民出版社 出版发行

（100706　北京市东城区隆福寺街 99 号）

中煤（北京）印务有限公司印刷　新华书店经销

2024 年 11 月第 1 版　2024 年 11 月北京第 1 次印刷

开本：710 毫米×1000 毫米 1/16　印张：14.75

字数：176 千字

ISBN 978 - 7 - 01 - 026723 - 4　定价：78.00 元

邮购地址 100706　北京市东城区隆福寺街 99 号

人民东方图书销售中心　电话 （010）65250042　65289539